essentials

Essentials liefern aktuelles Wissen in konzentrierter Form. Die Essenz dessen, worauf es als „State-of-the-Art" in der gegenwärtigen Fachdiskussion oder in der Praxis ankommt, komplett mit Zusammenfassung und aktuellen Literaturhinweisen. Essentials informieren schnell, unkompliziert und verständlich

- als Einführung in ein aktuelles Thema aus Ihrem Fachgebiet
- als Einstieg in ein für Sie noch unbekanntes Themenfeld
- als Einblick, um zum Thema mitreden zu können.

Die Bücher in elektronischer und gedruckter Form bringen das Expertenwissen von Springer-Fachautoren kompakt zur Darstellung. Sie sind besonders für die Nutzung als eBook auf Tablet-PCs, eBook-Readern und Smartphones geeignet.

Essentials: Wissensbausteine aus Wirtschaft und Gesellschaft, Medizin, Psychologie und Gesundheitsberufen, Technik und Naturwissenschaften. Von renommierten Autoren der Verlagsmarken Springer Gabler, Springer VS, Springer Medizin, Springer Spektrum, Springer Vieweg und Springer Psychologie.

Klaus Watzka

Ziele formulieren

Erfolgsvoraussetzungen wirksamer Zielvereinbarungen

Klaus Watzka
FB Betriebswirtschaft
Ernst-Abbe-Hochschule
Jena
Deutschland

ISSN 2197-6708   ISSN 2197-6716 (electronic)
essentials
ISBN 978-3-658-12273-7   ISBN 978-3-658-12274-4 (eBook)
DOI 10.1007/978-3-658-12274-4

Die Deutsche Nationalbibliothek verzeichnet diese Publikation in der Deutschen Nationalbibliografie; detaillierte bibliografische Daten sind im Internet über http://dnb.d-nb.de abrufbar.

Springer Gabler
© Springer Fachmedien Wiesbaden 2016

Gedruckt auf säurefreiem und chlorfrei gebleichtem Papier

Springer Fachmedien Wiesbaden ist Teil der Fachverlagsgruppe Springer Science+Business Media
(www.springer.com)

Was Sie in diesem Essential finden können

- Grundsätzliche Aufbau- und Ablaufprinzipien zielorientierter Führungssysteme
- Positive Wirkungen von Zielvereinbarungen auf Leistung und Motivation
- Zieltypen für Zielvereinbarungen
- Erfolgsfaktoren für wirksame Zielformulierungen
- Psychologisch fundierte Handlungsempfehlungen
- Sensibilisierung für Handhabungsfehler bei zielorientierten Führungssystemen

Inhaltsverzeichnis

Der Autor

Klaus Watzka ist Professor für Allgemeine Betriebswirtschaftslehre und Personalmanagement an der Ernst-Abbe-Hochschule in Jena. Zuvor war er einige Jahre im Personalbereich eines großen Konzerns im Automobilbereich tätig.

Grundlagen 1

1.1 Begriff und Funktionen von Zielen

Was versteht man genau unter Zielen? Welche Bedeutung haben Ziele für die Steuerung von Organisationen?

Definition Die übliche betriebswirtschaftliche Definition von „Zielen" lautet:

„Ziele sind angestrebte zukünftige Zustände."
Oder noch kürzer: „Ziele sind SOLL-Zustände."

Für die Planung und Steuerung von Organisationen sind Ziele absolut unverzichtbare Größen. Warum?

Drei Funktionen von Zielen
Erstens: Ohne Ziele ist die **Erkennung von Problemen** nicht möglich. Ein Problem ist nichts Anderes als eine negative Abweichung zwischen einem SOLL-Zustand (= Ziel) und einem derzeitigen IST-Zustand (= Lage). In einem Unternehmen, das für sein Produkt einen Verkaufspreis von 120 € anstrebt, aber gegenwärtig am Markt nur 105 € durchsetzen kann, würde also das Problem in einer Zielpreisdifferenz in der Größenordnung von 15 € bestehen. Diese exakte Problemerkenntnis und eine nachfolgende konsequente Problembehebung sind nur auf der Basis eines vorab eindeutig festgelegten Zieles möglich (hier: Zielpreis 120 €). Etwas provokant kann man formulieren: *„Wer keine Ziele hat, hat auch keine Probleme."* Oder anders: *„Wer verhindern möchte, jemals Probleme zu haben, der sollte tunlichst vermeiden, sich irgendwelche Ziele zu setzen".* Es gibt dann nichts, was man verfehlen könnte. Gute Unternehmensführung zeichnet sich aber gerade dadurch aus, Probleme möglichst frühzeitig und exakt zu identifizieren. Und genau dafür benötigt man präzise Ziele.

© Springer Fachmedien Wiesbaden 2016

K. Watzka, *Ziele formulieren*, essentials, DOI 10.1007/978-3-658-12274-4_1

Zweitens Ohne Ziele sind **keine rationalen Entscheidungen** in Organisationen möglich. Entscheidungen zu treffen bedeutet immer, zwischen verschiedenen Handlungsalternativen auszuwählen. Dies ist aber nur möglich, wenn die zur Wahl stehenden Handlungsalternativen vorher möglichst eindeutig bewertet wurden. Idealerweise ist es über Bewertungsakte gelungen, eine eindeutige Rangfolge zwischen den Handlungsoptionen herzustellen. Worauf gründen nun solche Bewertungen und Rangfolgen für Handlungsalternativen? Selbstverständlich auf der Spiegelung an Zielen! Rationales Entscheiden ist gleichbedeutend mit der Wahl derjenigen Handlungsalternative, die vorab definierte Ziele am besten erreicht. So kann sich beispielsweise ein Unternehmer bei der Anschaffung eines neuen Fertigungsaggregats nur fundiert für den besten Typ entscheiden, wenn er vorher eindeutig festgelegt hat, welche Ziele er in der Fertigung vorrangig erreichen möchte: Soll beispielsweise besonders kostengünstig, besonders schnell, besonders flexibel oder besonders ausfallsicher produziert werden? Je nach dominierender Zielrichtung wird jeweils ein anderer Maschinentyp optimal sein. Werden Entscheidungen nicht konsequent an zu erreichenden Zielen orientiert, dann sind sie irrational oder zufallsgesteuert – man könnte ebenso gut den Würfelbecher bemühen.

Drittens Ohne Ziele sind in Organisationen **keine sinnhaften Kontrollprozesse** möglich. Schon rein definitorisch wird Kontrolle in kurzer Form gern als *„SOLL-IST-Vergleich"* bezeichnet. Ein derzeitig erreichter Zustand (= IST) wird mit einem ursprünglich angestrebten Ziel (= SOLL) abgeglichen. Deckungsgleichheit zwischen SOLL und IST bedeutet Zielerreichung, Abweichungen zwischen den beiden Größen signalisieren Zielverfehlung und müssen eine konsequente Abweichungsanalyse nach sich ziehen.

Kontrollprozesse stellen eine zentrale und absolut unverzichtbare Managementfunktion dar. Die obige Definition macht klar, dass sie nur dort möglich sind, wo vorher Ziele formuliert wurden. Was sonst soll kontrolliert werden, wenn nicht die Erreichung von Zielen? Kontrollprozesse ohne strikten Bezug zu Zielen sind logisch unsinnig, stellen im milden Fall eine Ressourcenverschwendung und im schlimmen Fall einen demotivierenden und schikanierenden Akt der Machtdemonstration von Führungskräften gegenüber ihren Mitarbeitern dar.

Zusammenfassend kann man also festhalten, dass zentrale Managementfunktionen wie Problemerkennung, Alternativenbewertung, Entscheidung und Kontrolle nur im Verbund mit Zielfestlegungen sinnvoll sind. Ziele sind die zentralen Steuergrößen beim Management von Organisationen. Damit ist außerordentlich wichtig, dass die Organisationsleitung dem Prozess der Zielfindung hinreichend Zeit und Energie widmet, damit im Ergebnis die „richtigen Oberziele" festgelegt werden. Denn falsche Oberziele steuern die gesamte Organisation in die falsche Richtung (Watzka 2016, S. 19 f.).

Zielkonflikte

Existieren mehrere Ziele, dann ist streng darauf zu achten, dass diese nicht in einem **Zielkonflikt** zueinander stehen. Ein solcher liegt vor, wenn ein Mittel oder eine Maßnahme zur Steigerung des Zielerreichungsgrades bei einem Ziel Z_1 ergriffen wird und dadurch gleichzeitig der Zielerreichungsgrad bei einem Ziel Z_2 negativ beeinflusst wird. Zum Beispiel: Um die Rentabilität des Unternehmens zu steigern, sollen die Preise für die Produkte deutlich angehoben werden (= Ziel Z_1). In der Folge ergeben sich aber durch das „Überdrehen der Preisschraube" negative Effekte auf die Kundenzufriedenheit (= Ziel Z_2).

Grundsätzlich müssen immer alle im Unternehmen existierenden Ziele sorgfältig auf mögliche Zielkonflikte hin abgeklopft werden.

1.2   Zielvorgabe und Zielvereinbarung

In welcher Form können die Stellenziele für die Mitarbeiter entstehen?

Führung durch Ziele (= Management by Objectives; MbO) ist grundsätzlich in zwei Varianten praktizierbar:

- Eine eher autoritäre Variante, bei der die Führungskräfte die Ziele **vorgeben**.
- Eine eher partizipativ ausgerichtete Variante, bei der die Ziele im Dialog zwischen Führungskräften und Mitarbeitern entwickelt und **vereinbart** werden.

In aller Regel meint man heute Ziel**vereinbarung**, wenn man von „Führung durch Ziele" spricht. Das soll auch hier so gehandhabt werden.

Zweifellos stellt der partizipative Führungsstil den zeitgemäßeren Ansatz dar, der einem mündigen Mitarbeiter eher gerecht wird. Damit ist aber ein autoritärer Führungsstil – und damit auch der Mechanismus der Ziel**vorgabe** – keinesfalls vollständig überflüssig. Er kann sich zum Beispiel als notwendig erweisen, wenn

- die Mitarbeiter nicht den erforderlichen fachlichen und/oder motivationalen Reifegrad für eine stärkere Einbindung in unternehmerische Entscheidungen aufweisen – Zieldiskussionen auf Augenhöhe sind dann unmöglich;
- die Mitarbeiter eine starke Tendenz zur Verfolgung von Eigeninteressen haben – Zielvereinbarungen laufen dann Gefahr, die im Unternehmen vorhandenen Ressourcen nicht auszuschöpfen;
- unter Zeitdruck agiert werden muss – für aufwändige Zieldiskussionen bleibt dann schlicht keine Zeit.

- nach einem längeren Diskussionsprozess – aus welchen Gründen auch immer
  – eine Einigung auf Stellenziele zwischen Führungskraft und Mitarbeiter nicht
  möglich ist. Dann ist die finale Existenz von Zielen wichtiger als ihre Vereinbarung. Man muss sie dann eben vorgeben, auch wenn das nicht sonderlich
  „modern" anmutet. Auf gar keinen Fall darf für die Organisation die Situation
  eintreten, keine Ziele zu haben (Malik 2000, S. 188).

1.3 Kommunikation der Oberziele

Was ist die wichtigste Aufgabe des TOP-Managements, damit wirksame Zielvereinbarungen in der Organisation möglich werden?

▶   Zielvereinbarungen zwischen Führungskräften und ihren Mitarbeitern
    setzen einen Rahmen voraus, an dem sie sich orientieren können. Die-
    ser muss vom Top-Management der Organisation gesetzt werden. Im
    Einzelnen besteht dieser Orientierungsrahmen aus
    - Vision,
    - Unternehmenspolitik,
    - strategischen Zielen.

Normatives Management

In Zusammenfassung der drei Konstrukte spricht man auch vom „Normativen Management" (Bleicher 2004). Nicht nur die Formulierung dieser drei normativen
Komponenten ist wichtig. Vielmehr muss das Top-Management durch permanente
und intensive – mündliche und schriftliche – Kommunikationsakte dafür sorgen,
dass allen Mitarbeitern Visionen, Unternehmenspolitik und strategische Ziele in
allen Facetten bekannt sind. Nur dann können sie ihre steuernde Kraft in der Organisation entfalten.

Das Zusammenwirken der drei Ebenen des Orientierungsrahmens lässt sich wie
in Abb. 1.1 darstellen. Strategische Ziele leiten sich demnach aus der Organisa-
tionspolitik ab und diese wiederum aus den Visionen.

Begriff der Vision

Visionen stellen anspruchsvolle, aber gleichzeitig auch realistische Zukunftsent-
würfe für die Organisation dar, die mit Blick auf die nächsten Jahre oder gar Jahr-
zehnte Antworten auf die Fragen geben: „*Wer/was wollen wir sein?*", „*Wo wollen
wir hin?*". Sie stellen quasi den „Punkt am Horizont" dar, auf den sich die gesamte

Abb. 1.1 Bestandteile des Normativen Managements

Organisation in einer längeren Reise hinbewegen soll. Sie sollen Orientierung geben, gleichzeitig Begeisterung auslösen und so Energien bei allen Mitarbeitern aktivieren.

Gern wird auch das Bild vom „Leitstern" bemüht. Visionen sollen dem alltäglichen Handeln der Mitarbeiter einen übergreifenden Sinn geben. Sehr gut deutlich wird diese Funktion an folgender kleiner Geschichte.

Beispiel

Drei Steinmetze werden bei der Arbeit gefragt, was sie hier tun. Der Erste: „Ich behaue Steine". Der Zweite: „Ich ziehe eine Wand hoch." Und der Dritte antwortet: „Ich baue an einer Kathedrale mit" (Stroebe und Stroebe 2006, S. 34).

Wirkungsvolle Visionen zeichnen sich durch einige Merkmale aus (Tab. 1.1).

Tab. 1.1 Merkmale von Visionen

MERKMAL	BEDEUTUNG
• Plastizität	→ einfache, eindringliche Formulierung
• Unverwechselbarkeit	→ Alleinstellungsmerkmal
• Emotionalität	→ mitreißende, aktivierende Aussage
• Realisierbarkeit	→ Chance auf Machbarkeit – statt Utopie
• Spitzenanspruch	→ fordernd; Mittelmäßigkeit taugt nicht als Vision
• Glaubwürdigkeit	→ konformes Verhalten aller Führungskräfte
• Präsenz	→ permanent im Bewusstsein aller Mitarbeiter

Beispiel für Visionen

Die Vision eines Automobilkonzerns könnte lauten: *„Unbeschränkte Mobilität ohne eigenes Fahrzeug"*. Das Top-Management zielt dann auf die Entwicklung von solargetriebenen Fahrzeugen und den gleichzeitigen Aufbau eines leistungsfähigen und flexiblen Anmietungssystems ab.

Begriff der Unternehmenspolitik

Eine Stufe konkreter ist die Unternehmenspolitik. Zu dem in der Vision formulierten Zukunftsentwurf (*„Was soll erreicht werden?"*) werden erste, sehr fundamentale Festlegungen zur Frage „**Wie** *soll es erreicht werden?"* getroffen. Die Unternehmenspolitik basiert auf konkreten Entscheidungen – als Wahl zwischen Alternativen – des TOP-Managements.

Beispiel für Unternehmenspolitik

Es bietet sich an, die Unternehmenspolitik nach verschiedenen Funktionsbereichen zu differenzieren. So entstehen dann im Beispiel unseres Automobilkonzerns etwa Aussagen zur Personalpolitik (→ Prinzip der lebenslangen Beschäftigung), zur Finanzpolitik (→ weitgehender Verzicht auf Fremdkapital), zur Absatzpolitik (→ Rund-um-die-Uhr-Erreichbarkeit der Organisation) oder zur Einkaufspolitik (→ Bevorzugung regional ansässiger Zulieferer).

Diese fundamentalen Festlegungen sind langfristig stabil und bilden einen Rahmen für alle weiteren Planungen und Entscheidungen.

Begriff der Strategischen Ziele

Eine weitere Konkretisierungsebene bilden die Strategischen Ziele. Sie sind das Ergebnis von detaillierten Analysen, die insbesondere die Entwicklung der organisationsrelevanten Umwelt (z. B. ökonomisch, rechtlich, technologisch, sozial) und die darauf bezogenen eigenen Stärken und Schwächen – in Relation zu wichtigen Wettbewerbern – in den Fokus nehmen. Bei strategischen Zielen werden also mehrjährige, globale Handlungsnotwendigkeiten definiert, mit denen

- sich eine Organisation gegenüber der Umwelt behaupten will,
- drohende Risiken umgangen,
- sich bietende Chancen wahrgenommen werden sollen.

Die Erreichung von strategischen Zielen soll durch die Ausarbeitung von **Strategien** gesichert werden. Bei ihnen handelt es sich um *„ein Bündel von einzelnen, aufeinander abgestimmten Vorgaben, die die Entscheidungen in allen Funktionsbereichen der Organisation nach einem einheitlichen Muster prägen sollen"*.

Beispiel für Strategische Ziele
Wenn also in unserem Automobilkonzern als Reaktion auf die gesellschaftlich ge-
führte Ökologiedebatte die Entwicklung eines Solarantriebs ein zentrales strategi-
sches Ziel darstellt, dann könnte eine wichtige Strategie lauten, die technologische
Kompetenz auf diesem Feld zu stärken und von den Kunden auch als kompetent
wahrgenommen zu werden. Die Personalabteilung hätte dies bei ihren Rekrutie-
rungsentscheidungen zu berücksichtigen, der Einkaufsbereich bei der Auswahl
der Lieferanten, die Abteilung Forschung & Entwicklung bei der Definition von
Forschungsfeldern und der Public-Relations-Bereich bei der Außendarstellung des
Unternehmens.

Abschließend noch einmal Die Formulierung und Kommunikation von Visio-
nen, Unternehmenspolitik und strategischen Zielen – nachfolgend vereinfacht als
„Oberziele" bezeichnet – stellen einen unverzichtbaren Überbau für treffgenaue
Zielvereinbarungen zwischen Führungskräften und Mitarbeitern dar!

1.4 Zielkaskadierung

Wie werden aus Oberzielen Stellenziele für die Mitarbeiter?

- Mit dem Begriff der „Zielkaskadierung" lehnt man sich an das Bild einer Kas-
  kade an, also eines Wasserfalls, der über mehrere Steinstufen ins Tal stürzt. Die
  Oberziele der Organisation werden schrittweise über alle Organisationseinheiten hinweg
- hierarchieabwärts

aufgespalten (= „heruntergebrochen"). Dieser Prozess reicht von der Organi-
sationsspitze bis hinab zur untersten Stellenebene (Eyer und Haussmann 2014,
S. 36 f.).

Im Ergebnis entsteht eine **Zielpyramide**, die für alle organisatorischen Einheiten die Leistungsbeiträge zur Erreichung der Oberziele abbildet.

In der **vertikalen** Betrachtung müssen alle Ziele in einem strengen Zweck-Mit-
tel-Verhältnis zueinander stehen. Dies bedeutet, dass die Gesamtheit der Ziele auf
einer untergeordneten Ebene (z. B. Abteilungen) die Mittel darstellen, um die Ziele der übergeordneten Ebene (z. B. Hauptabteilung) zu erreichen. Die Ziele aller
Hauptabteilungen wären dann wieder die Mittel zur Realisierung der nächsthöhe-
ren Organisationseinheit (z. B. eines Werksstandorts).

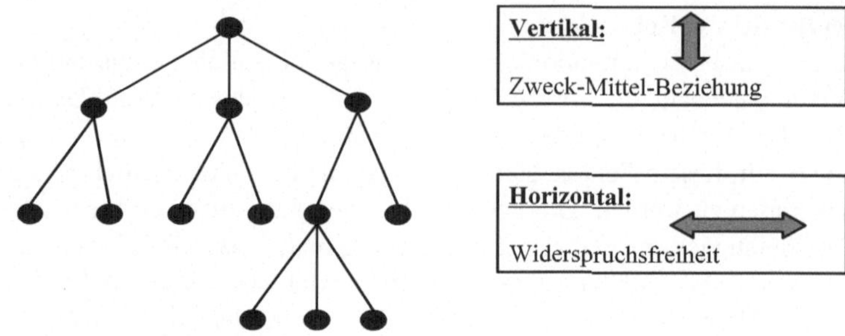

Abb. 1.2 Zielkaskadierung

In der **horizontalen** Betrachtung ist auf jeder Organisationsebene eine völlige Widerspruchsfreiheit zwischen den einzelnen Zielen notwendig.

Abbildung 1.2 illustriert dies nochmals in grafischer Form. In Abb. 1.3 zeigt ein selbsterklärendes Beispiel die Umsetzung des Kaskadierungsprinzips in der Praxis.

Die Aufgabenübertragung an einzelne Mitarbeiter oder ganze organisatorische Einheiten erfolgt bei Zielvereinbarungssystemen also in der Hauptsache anhand von Zielen. Klassische Stellenbeschreibungen werden zwar nicht überflüssig, sind aber in ihrer Bedeutung als Organisationsmechanismus deutlich gemindert.

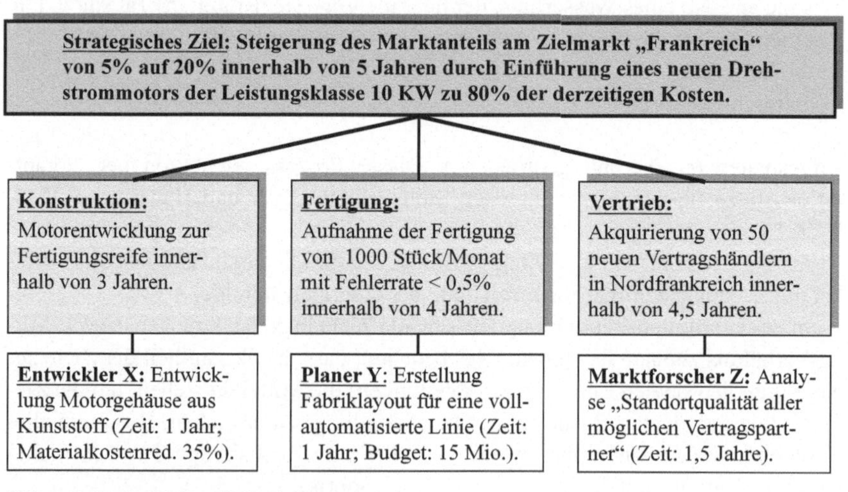

Abb. 1.3 Beispiel für Zielkaskadierung

1.5 Phasenablauf bei zielorientierter Führung

Welche Einzelschritte müssen für ein geschlossenes System der zielorientierten Führung absolviert werden?

In einer idealtypischen Betrachtung vollzieht sich zielorientierte Führung gemäß der in Abb. 1.4 im Überblick dargestellten Einzelphasen (Odiorne 1967, S. 102).

(→ Phase 1)
Unverzichtbarer Ausgangspunkt sind immer die Oberziele der Organisation, die zunächst festgelegt sein müssen (siehe auch Kap. 1.3).

(→ Phase 2)
Falls noch nicht vorhanden, muss zunächst eine Organisationsstruktur geschaffen werden, bei der eine Zielkaskadierung möglich ist. Im Ergebnis müssen Organisationseinheiten (z. B. Abteilungen, Gruppen, Stellen) so abgegrenzt sein, dass ihnen eindeutig ein Teilziel zugewiesen werden kann. Es bedarf dabei nicht zwangsläufig einer hierarchischen Aufbaustruktur. Zielvereinbarungsprozesse sind ebenfalls innerhalb einer prozessorientierten Organisation möglich. Analog müssen dann die Prozessstufen so abgegrenzt werden, dass eine klare Zuordnung zwischen Teilziel und Prozessschritt möglich wird (siehe näher Kap. 2.15).

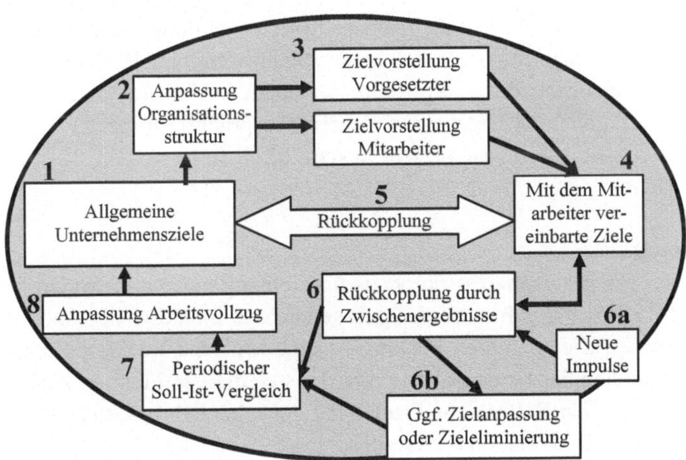

Abb. 1.4 Phasenschema zielorientierten Führens

(→ Phase 3)

In diesem Schritt erarbeiten dann im Vorfeld eines Zielvereinbarungsgesprächs der Mitarbeiter und der Vorgesetzte – jeweils getrennt (!) – Vorschläge insbesondere zu den Leistungsbeiträgen, die der Mitarbeiter auf seiner Stelle zu den Oberzielen erbringen könnte. Die getrennte Ausarbeitung von Vorschlägen soll zum einen sicherstellen, dass beide Seiten intensiv vorbereitet in das gemeinsame Gespräch gehen. Und zum anderen soll über diesen Prozess Perspektivenvielfalt hergestellt werden. Die Wahrscheinlichkeit für kreative Zielfindungsprozesse und fruchtbare Diskussionen über die „richtigen" Leistungsbeiträge des Mitarbeiters steigt. Ein direkter Einstieg in das Zielvereinbarungsgespräch birgt die Gefahr, dass sich aufgrund des Hierarchiegefälles die Perspektive des Vorgesetzten zu schnell und zu unreflektiert durchsetzt. Für diesen getrennten Vorbereitungsprozess sollte im Minimum ein Zeitraum von vier Wochen veranschlagt werden.

(→ Phase 4)

Es folgt dann das eigentliche Zielvereinbarungsgespräch zwischen Vorgesetztem und Mitarbeiter. Die Einhaltung der üblichen Gesprächsregeln (z. B. hinreichend Zeit, störungsfreie Atmosphäre, gleichberechtigte Chance für Redebeiträge) sollte selbstverständlich sein. Durchaus sinnvoll könnten auch mehrere Gesprächstermine sein. Die Einigung sollte „nicht übers Knie gebrochen" werden. Denn schließlich stellen die Ziele dann für einen längeren Zeitraum die zentrale Arbeitsgrundlage für den Mitarbeiter dar. Gerade bei anspruchsvollen Arbeitsaufgaben sind die zu formulierenden Ziele entsprechend komplex. Insofern könnte sich anbieten, an einem ersten Termin lediglich die gegenseitigen Vorstellungen auszutauschen und vor einem weiteren Termin eventuell beidseitig notwendigen Reflektions- oder Informationsbeschaffungsprozessen Raum zu geben. Auch schwierigere Einigungsprozesse benötigen unter Umständen mehrere Gesprächstermine.

Das Ergebnis dieser Phase besteht in **schriftlich fixierten**, für den Mitarbeiter verbindlichen Zielen.

(→ Phase 5)

Da sich der Einigungsprozess durchaus über einen längeren Zeitraum hinziehen kann und kontroverse Diskussionsprozesse auch zu inhaltlichen Akzentverschiebungen bei den Zielen führen können, ist eine kritische Rückkopplungsschleife zu den Oberzielen der Organisation nötig. Leisten die vereinbarten Ziele wirklich einen hinreichenden Beitrag zur Erreichung der Oberziele? Besteht Konfliktfreiheit mit anderen Teilzielen in der Organisation?

(→ Phase 6)

In der Phase der Zielrealisierung sind Gesprächstermine einzuplanen, in denen Mitarbeiter und Vorgesetzter den aktuellen Stand der Zielerreichung und möglicherweise auftretende Probleme kritisch reflektieren. Diese Zwischenchecks sollen sicher stellen, dass sich der Mitarbeiter sowohl inhaltlich, als auch terminlich im geplanten Zielkorridor befindet. Abweichungen sollen früh genug erkannt werden, um gegensteuernde Maßnahmen einleiten zu können.

(→ Phasen 6a/b)

Im Rahmen der Zwischengespräche gilt besondere Aufmerksamkeit möglicherweise gravierend veränderten Rahmenbedingungen, unter denen der Mitarbeiter seine Ziele erreichen soll. Überraschende Veränderungen in der Organisationsumwelt oder auch ungeplante innerorganisatorische Veränderungen oder Probleme können dafür sorgen, dass Ziele deutlich schwieriger oder auch leichter erreichbar sind.

So lässt beispielsweise das insolvenzbedingte Ausscheiden eines Wettbewerbers aus dem Markt ein ehemals anspruchsvolles Umsatzsteigerungsziel eines Verkäufers zu einem eher leichten Ziel werden. Erratische Veränderungen von Rohstoffpreisen mit nachfolgend unumgänglichen Preisaufschlägen für die Fertigprodukte können dagegen das ehemals formulierte Umsatzziel schnell zur Herkulesaufgabe werden lassen. Neue gesetzliche Auflagen könnten die Aufgabe eines Entwicklungsingenieurs deutlich erschweren. Innerbetriebliche technische Probleme machen die Produktionsmengenziele eines Meisters in der Fertigung unmöglich. Oder eine ungeplante größere Fluktuationswelle in der Organisation kann die Arbeitskapazität eines Personalsachbearbeiters derart in Rekrutierungsprozessen binden, dass an die ursprünglich geplante Entwicklung eines neuen Vergütungssystems nicht mehr zu denken ist.

Solche Ereignisse können dazu führen, dass ursprünglich vereinbarte Ziele nicht mehr angemessen sind, nach oben/unten angepasst, in der Formulierung verändert oder im Extremfall auch gänzlich eliminiert werden müssen. Denkbar wäre auch die Aufnahme zusätzlicher Ziele als Reflex auf Umfeldveränderungen (siehe näher Kap. 2.14).

(→ Phase 7)

Am Ende der Zielerfüllungsperiode hat dann die Abschlusskontrolle zum Ausmaß der Zielerreichung (oder auch Zielverfehlung) stattzufinden. Es handelt sich dabei um einen klassischen SOLL-IST-Vergleich. Der Mitarbeiter erhält zum Ausmaß seiner Zielerreichung ein ausführliches und differenziertes Feedback.

(→ Phase 8)

Eine Verfehlung der Ziele muss zu einer intensiven Abweichungsanalyse führen, bei der die Gründe für das suboptimale Ergebnis herausgearbeitet werden. Sollte die Zielverfehlung ihre Ursachen primär im Arbeitsverhalten des Mitarbeiters haben, dann sind Anpassungen bei den Arbeitsvollzügen für künftige Zielperioden nötig. Erkenntnis bei der Abweichungsanalyse könnte aber ebenso sein, dass die Ziele falsch gesetzt waren oder der Vorgesetzte den Erreichungsprozess nicht eng genug begleitet hat. Anpassungsnotwendigkeiten liegen dann eher auf der Ebene des Führungsverhaltens. Werden solche Abweichungsanalysen konsequent durchgeführt und die Erkenntnisse in der Zukunft ebenso konsequent berücksichtigt, dann wird jede Organisation dadurch zu einem lernenden System, das sich permanent weiterentwickelt.

1.6   Psychologische Wirkungen von Zielvereinbarungen

Wie wirkt die Existenz von Zielen über die psychologische Ebene auf die Motivation und Leistung von Mitarbeitern? Warum ist der zeitliche Aufwand, den Führungskräfte für Zielvereinbarungsprozesse betreiben, damit „gut investierte" Zeit?

Nachfolgend werden vierzehn – überwiegend psychologisch orientierte – Mechanismen beschrieben, die für eine Motivations- und Leistungssteigerung durch Ziele sorgen (Watzka 2016, Kap. 6/7 und die zitierte Literatur).

1. Bedürfnisbefriedigung

Motivation ist nichts anderes als Handlungsenergie. Mitarbeiter zeigen dann motiviertes Verhalten, wenn sie eine Chance sehen, im Unternehmen und durch ihre Arbeit unerfüllte Bedürfnisse (= Motive) zu befriedigen. Der Psychologe Maslow hat in seiner bekannten Motivpyramide die wichtigsten menschlichen Bedürfnisse klassifiziert. An diesem einfachen Modell kann man verdeutlichen, dass Zielen und Zielvereinbarungen das Potenzial für Bedürfnisbefriedigung auf unterschiedlichen Motivebenen zugesprochen werden kann (siehe Abb. 1.5).

Mitarbeiter mit ausgeprägten **Sicherheitsbedürfnissen** suchen auch bei der Arbeit nach Klarheit, Struktur und Ordnung. Präzise Ziele können ihnen genau das bieten. Sie bauen Handlungsunsicherheiten ab und zeigen dem Mitarbeiter klar auf, was von ihm erwartet wird. Insofern sind Ziele stabilisierende Orientierungsmarken für das tägliche Handeln.

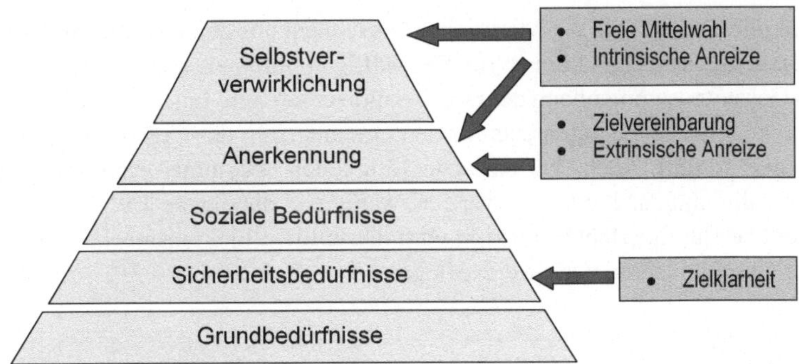

Abb. 1.5 Bedürfnisbefriedigung durch Ziele

Anerkennungsbedürfnisse werden in dreifacher Hinsicht befriedigt:

- Erstens agiert der Mitarbeiter in Zielvereinbarungsgesprächen als gleichberechtigter „Geschäftspartner", also „auf Augenhöhe" mit dem Vorgesetzten.
- Zweitens erfährt er sehr intensiv eine Anerkennung seiner fachlichen Kompetenz, Selbststeuerungsfähigkeit und Verantwortungsbereitschaft, wenn man ihm gestattet, über die Wege zur Zielerreichung selbst zu entscheiden. Dies ist ein Vertrauenssymbol seitens der Organisation!
- Drittens erfolgt eine explizite Anerkennung der erbrachten Leistung, wenn die Zielerreichung mit der Vergabe von Anreizen – materiell oder immateriell – verknüpft ist.

Selbstverwirklichungsbedürfnisse werden durch Ziele letztlich auch befriedigt, da sie selbstbestimmtes Handeln ermöglichen. Die freie Mittelwahl stellt einen anspruchsvollen und herausfordernden Aufgabentypus bereit, der es intrinsisch motivierten Mitarbeitern (= Mitarbeiter, die durch die Aufgabenerfüllung selbst stark motivierbar sind) erlaubt, ihre Potenziale zu aktivieren und persönliche Befriedigung aus der Zielerreichung zu ziehen.

2. Aufgabenidentifikation und Sinnstiftung

Es fällt leichter, motiviert an einer Aufgabe zu arbeiten, wenn man sich mit ihr identifiziert. Identifikation wird insbesondere dann möglich, wenn man der Aufgabe Wichtigkeit zuschreibt, weil sie ein unverzichtbarer Beitrag zu einem übergeordneten Ziel ist. Genau dies leistet der Mechanismus der Zielkaskadierung.

Werden alle Stellenziele der Mitarbeiter konsequent aus den Oberzielen der Organisation abgeleitet, dann können die Beschäftigten ihren eigenen Leistungsbeitrag in den Gesamtzusammenhang der Organisation einordnen. Ihnen wird die Wichtigkeit ihres täglichen Engagements für den Gesamterfolg der Organisation deutlich vor Augen geführt. Auch eher einfache Tätigkeiten bekommen damit einen Sinn. Warum sollte man sich auch anstrengen, wenn man die eigene Tätigkeit als nutzlos oder überflüssig erlebt? Illustriert wird dieser Identifikationsmechanismus gern mit der Geschichte von den zwei Hoffegern.

Beispiel

Ein Besucher kommt auf das Betriebsgelände eines Unternehmens. Dort fegt ein Mitarbeiter den Hof. Er fragt ihn: „Was machen Sie hier?"

Die Antwort: „Das sehen Sie doch! Ich fege den Hof."

Am Nachmittag kommt der Besucher zu einem anderen Unternehmen. Auch dort fegt ein Mitarbeiter den Hof. Auch diesen fragt er: „Was machen Sie hier?"

Die Antwort: „Ich fege den Hof, damit unsere Kunden einen guten Eindruck vom Unternehmen haben und wir dadurch hoffentlich mehr verkaufen können."

Das wäre dann der Unterschied zwischen sinnentleerter und sinnstiftender Arbeit – mit der entsprechenden Wirkung auf die Motivation.

3. Selbstverpflichtungseffekt

Im Rahmen von Vereinbarungsgesprächen haben Mitarbeiter ihre Stellenziele mit beschlossen. Diese Beteiligung führt zu einer hohen Bindung an die getroffene Zielentscheidung. Im Ergebnis werden sie sich der Erreichung stärker verpflichtet fühlen und im Gefolge eine höhere Einsatzbereitschaft zeigen. Ziele mit beschlossen zu haben und dann nicht alles dafür zu tun, dass sie auch erreicht werden, würde in der Sprache der Psychologen zu „Kognitiven Dissonanzen" führen. Man versteht darunter mentale Spannungszustände, die als unangenehm erlebt werden. Ein wichtiger Mechanismus zur Vermeidung dieser kognitiven Dissonanzen ist ein hohes Engagement für die Zielerreichung. Die logische Kette lautet also: Beteiligung führt zu Selbstbindung und diese zwecks Dissonanzvermeidung zu erhöhter Einsatzbereitschaft.

4. Leistungsanreiz durch Zielboni

Viele Unternehmen koppeln die Zielerreichung über das Vergütungssystem mit Zielboni. Dadurch erhalten materiell orientierte Mitarbeiter einen zusätzlichen Motivationsimpuls. Allerdings dürfte die Motivationswirkung nur bei einem Teil der Mitarbeiter einer tatsächlichen finanziellen Mangelsituation entspringen. Vielmehr spielt für viele der mit materiellen Belohnungen einhergehende Symbolwert die viel entscheidendere Rolle. Geld steht dann für Erfolg, Anerkennung und Status innerhalb und außerhalb der Organisation.

Relativierung: Die dauerhafte Motivationswirkung von Zielboni ist allerdings kritisch zu hinterfragen. Möglicherweise werden nur reine Mitnahmeeffekte produziert. Eventuell bekommt die Organisation das gleiche Engagement ohne gesonderte Zielprämie. Die hier vorgestellten psychologischen Wirkungen von Zielen sprechen eigentlich dafür.

5. Leistungsgerechtigkeit

Anforderungsgerechtigkeit und Leistungsgerechtigkeit stellen die zwei zentralen Aspekte für die Gestaltung von Vergütungssystemen dar. Soll ein Arbeitsentgelt als gerecht empfunden werden, dann muss es zum einen den Schwierigkeitsgrad der Tätigkeit und zum anderen die Leistung des Mitarbeiters widerspiegeln. Jeder Praktiker weiß, dass nicht die 100 € mehr oder weniger die Mitarbeiter emotionalisieren, sondern eher die 100 €, um die man sich gegenüber einer Bezugsperson zu schlecht vergütet fühlt. Dieser Zusammenhang wird in der **Gleichgewichtstheorie** (= Equity-Theorie) formuliert. Mitarbeiter kalkulieren danach permanent nach folgender Formel (Abb. 1.6):

Nehmen Mitarbeiter Ungleichgewichte zu ihren Ungunsten wahr, dann werden sie Aktivitäten ergreifen, um wieder einen Gleichgewichtszustand herzustellen. Eine naheliegende Strategie ist die Reduzierung des eigenen Aufwands. Dieser mündet in einer Motivationsabsenkung, schlimmstenfalls in innerer Kündigung.

Die wahrgenommene Leistungsgerechtigkeit der Vergütung stellt also einen wichtigen Einflussfaktor auf die Motivation dar. Eine Vergütung nach Zielerreichungsgraden kann einen wichtigen Beitrag zu einer leistungsgerechteren Vergütung leisten. Es ist plausibel vermittelbar, dass ein höherer Beitrag zu den Gesamtzielen auch zu höheren Belohnungen führt. Vergütungsunterschiede aufgrund von unterschiedlichen Zielerreichungsgraden werden von Mitarbeitern leichter akzeptiert als eine Entgeltdifferenzierung auf der Basis von sehr subjektiv eingefärbten Leistungsbeurteilungen.

$$\frac{\textbf{Eigener Aufwand}}{\textbf{Eigene Belohnungen}} = \frac{\textbf{Aufwand anderer Mitarbeiter}}{\textbf{Belohnungen anderer Mitarbeiter}}$$

Abb. 1.6 Equity-Theorie

6. Handlungsinitiierung und Prokrastination

Wer kennt ihn nicht, den „inneren Schweinehund"? Eine Aufgabe wird zwar für wichtig gehalten und man wünscht sich ihre Fertigstellung, aber man geht sie nicht mit Konsequenz an. Psychologen sprechen von „Handlungsinitiierungsproblemen". Die kleine Schwester des inneren Schweinehundes ist die „Aufschieberitis" – oder im korrekten Psychologendeutsch die „Tendenz zur Prokrastination". Aufgaben werden zwar angegangen, aber viel zu spät. Ursachen für beide Phänomene sind oft in allgemeiner Antriebslosigkeit, Versagensängsten, externen Störungen oder auch Ablenkungen zu finden, die kurzfristig ein größeres Spaßpotenzial versprechen (z. B. Internetsurfen). All diese Phänomene führen bei der Aufgabenerledigung zu Effizienzverlusten, Beeinträchtigung der Ergebnisqualität oder zu einem ansteigenden Stressniveau, wenn anfangs vertane Zeit aufgeholt werden muss (Rist und Engberding 2006, S. 64 ff.).

Zielvereinbarungssysteme leisten einen wichtigen Beitrag zur Überwindung solcher Handlungsstörungen. Als institutionell vorgegebene Mechanismen bauen sie einen „heilsamen Zwang" auf. Mitarbeiter „müssen" konkrete Gesprächstermine mit ihren Vorgesetzten wahrnehmen, dabei eigene Zielvorschläge unterbreiten und sich final mit ihm auf ein Zielspektrum einigen. Die strikte Terminierung dieses Procederes verhindert, dass Mitarbeiter zu lange in Abwägungsprozessen zu ihren Handlungsoptionen steckenbleiben.

Weiterhin stellen viele Elemente von zielbasierten Systemen geradezu ein „Anti-Prokrastinations-Programm" dar. Jede Strukturierung der Arbeitsbedingungen hilft potenziellen Prokrastinierern. Ungeachtet der Freiräume, die den Mitarbeitern durch die freie Mittelwahl bei der Zielverfolgung gegeben wird, erhält ihre Arbeit nämlich auch einen ordnenden Rahmen und zwar insbesondere durch:

- Fristen für die Zielerreichung,
- Definition von Zwischenzielen (= Meilensteinen),
- häufiges Zwischenfeedback,
- konsequente Fremdkontrolle am Ende der Zielperiode.

Dies hält Mitarbeiter, die sich leicht durch andere Aktivitäten ablenken lassen, bei der Aufgabenerledigung konsequenter in der Leistungsspur.

7. Lupenfunktion

Arbeitsstellen setzen sich in der Regel aus einem größeren Spektrum von Einzelaufgaben zusammen. Aus ihnen werden durch Zielvereinbarungen quasi Schwerpunkte herauspräpariert. Wie unter einem Brennglas treten sie verstärkt in den Fokus des Mitarbeiters. Seine Aufmerksamkeit wird besonders auf diese

Aufgabenelemente gelenkt. Er wird sich ihnen besonders zuwenden und sie in allen seinen Arbeitshandlungen stark priorisieren. Damit ergibt sich in der Wahrnehmung des Mitarbeiters eine Aufteilung in wichtigere und weniger wichtige Aufgaben. Dies ermöglicht ihm, den eigenen Zeit- und Energieeinsatz präziser zu den zentralen Aufgaben zu lenken. Erhöhte Leistungseffizienz ist die Folge.

8. Sogwirkung

Akzeptierte Ziele entfalten eine Art Sogwirkung. Sie zeigt sich darin, dass eine starke Tendenz entwickelt wird, alle Störungen abzuwehren, die von der Zielverfolgung ablenken. Es tritt also eine leistungssteigernde Konzentrationserhöhung ein. Jeder kennt diesen Effekt aus der Endphase von Projekten. Ziele saugen quasi die Handlungsenergie an und ziehen sie von unwichtigeren Verrichtungen ab. Es entsteht eine starke Tendenz, keine Zeit und Energie für Irrelevantes einzusetzen. Irrelevant sind alle Aktivitäten, die nicht unmittelbar der Zielverfolgung dienen. Es erfolgt also eine „Konzentration aufs Wesentliche" und eine wirksame Fokussierung von Handlungsenergien.

Relativierung: Lupenfunktion und Sogwirkung wirken zwar leistungsstimulierend, sind aber auch mit zwei Risiken verbunden. Mitarbeiter entwickeln zum einen eine starke Tendenz, alle Informationen auszublenden, die nichts mit den Aufgabenzielen zu tun haben. Und zum anderen könnten Aufgabenelemente vernachlässigt werden, die nicht explizit mit Zielen untersetzt sind. Ein Verkäufer mit Umsatzzielen könnte zum Beispiel nach dem Kaufabschluss wenig sensibel für Signale der Kundenzufriedenheit sein oder Aktivitäten der langfristigen Kundenbindung vernachlässigen. Beides ist nicht unmittelbar umsatzrelevant. Diesem unerwünschten Effekten müssen Vorgesetzte über ihr konkretes, tägliches Führungshandeln gegensteuern!

9. Erhöhung der Ausdauer

Ziele haben eine positive Wirkung auf die Ausdauer, mit der sich Menschen mit Aufgaben beschäftigen. Psychologen sprechen von „Persistenz". In vielen Studien konnte nachgewiesen werden, dass Menschen

- sich länger und intensiver mit einer Aufgabe auseinandersetzen,
- sich durch Misserfolge nicht so schnell entmutigen lassen,
- bei blockierten Handlungswegen intensiv nach Alternativen suchen,
- eine Aufgabe auch nach Unterbrechungen nicht aus dem Blick verlieren,

wenn diese mit einem klar formulierten Ziel untersetzt ist.

Solche Verhaltensmuster führen auch bei der Aufgabenerledigung in Organisationen zu besseren Leistungen. Zu denken ist z. B. an Verkäufer, die sich in schwierigen Märkten nicht von einer größeren Zahl von erfolglosen Kundengesprächen frustrieren lassen oder an eine Projektgruppe, die die Arbeit an ihrem Projekt mit hoher Energie fortsetzt, obwohl das Tagesgeschäft eine längere Unterbrechung erzwungen hat.

10. Aktivierung von Zusatzenergie

Jeder kennt das Phänomen aus seinem Alltag. Hat man sich etwas ernsthaft vorgenommen, sei es das Rasenmähen oder der Beginn einer Diät, dann beginnt das mentale Leiden. Solange der Vorsatz nicht in die Tat umgesetzt ist, nagt das schlechte Gewissen. Um das unangenehme Gefühl loszuwerden, rafft man sich irgendwann auf und geht die anstehende Aufgabe an. Das schlechte Gewissen hat den dafür nötigen Energieschub gegeben.

Psychologen sprechen von der Wirkung **kognitiver Dissonanzen** und beschreiben damit einen Prozess des Spannungsauf- und -abbaus (siehe Abb. 1.7): Akzeptierte, aber bislang unerreichte Ziele drängen sich immer wieder in den Wahrnehmungsvordergrund. Der Mitarbeiter erlebt ein Spannungsgefühl (= kognitive Dissonanz) als unangenehmen psychischen Zustand. Belastende Zustände lösen immer eine starke Handlungstendenz in Richtung ihrer Beseitigung aus. Die konkrete Handlung besteht in einer intensiven Hinwendung zu den Zielen und ihrer Abarbeitung. Die Existenz von Zielen führt also zu Leistungssteigerungen, indem sie über den Mechanismus der kognitiven Dissonanz zusätzliche Handlungsenergien bereitstellt.

11. Selbstwertsteigernde Erfolgserlebnisse

Jeder halbwegs ehrgeizige Verkäufer, der seinen Verkaufsziele um x% übertroffen hat, wird zunächst einmal stolz auf seine Leistung sein und dann anfangen,

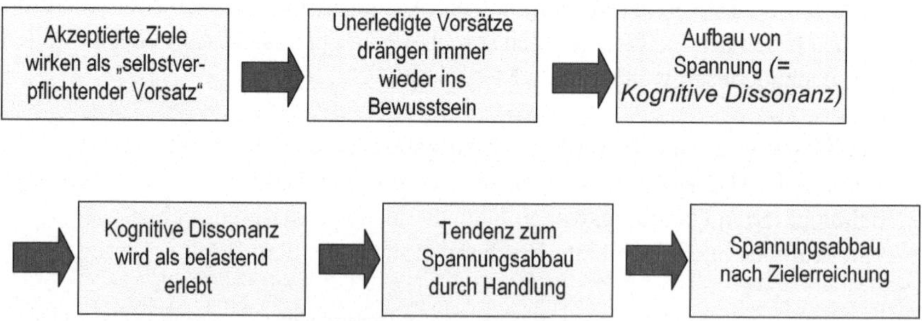

Abb. 1.7 Leistungssteigerung durch kognitive Dissonanz

ernsthaft darüber nachzudenken, wie er seine Verkaufszahlen noch weiter steigern kann. Erfolg macht hungrig auf weitere Erfolge! Welche psychischen Prozesse laufen hier ab?

Die Erreichung von Zielen stellt – völlig unabhängig von Lob oder Prämien – ein Ereignis dar, das „in sich selbst" (= intrinsisch) belohnend ist. Im Gefolge stellt sich zum einen die positive Befindlichkeit der „Zufriedenheit" ein. Sie ergibt sich immer, wenn Ereignisse/Zustände den Erwartungen/Hoffnungen von Individuen entsprechen. Zum anderen steigt das Zutrauen in die eigenen Fähigkeiten (= Kompetenzvertrauen). Über die Zielerreichung hat sich das Individuum selbst – und auch seinem Umfeld – den Beweis geliefert, dass es einer Aufgabe gewachsen ist.

Damit hat aber auch das realisierte Zielniveau einen Teil seines Reizes eingebüßt. Ein zweites Mal muss man sich das gleiche Zielniveau nicht mehr beweisen. Es lockt der nächste Schritt. Für künftige Zielperioden wird eine starke Tendenz entstehen, sich die Ziele ein kleines Stück höher zu legen. So entsteht eine positive Leistungsspirale.

12. Verbesserung der Handlungsregulation

Ziele helfen, das eigene Handeln besser zu organisieren. Psychologen sprechen von „Handlungsregulation". Man steuert sich selbst, indem man sich ein hierarchisch angeordnetes System von Zielen und daraus abgeleiteten Teilzielen aufbaut.

Beispiel

Wer für sich als Oberziel beschlossen hat, ein guter Einkäufer zu werden, der wird daraus konkrete Handlungsziele ableiten. Diese könnten zum Beispiel darin bestehen, Seminare zu besuchen oder einschlägige Bücher zu lesen. Aus diesen Handlungszielen ergeben sich dann Ziele für einzelne motorische oder kognitive Aktivitäten, also zum Beispiel im Internet nach geeigneter Lektüre zu recherchieren.

Erst die Existenz von Zielen stellt für die Mitarbeiter einen Auslösereiz dar, eine solche hierarchische Handlungsverkettung überhaupt aufzubauen. Von einem Ziel geht quasi ein gewisser Druck aus, die eigenen Gedanken und Handlungen zu organisieren. Der Mitarbeiter wird zu mentalen Prozess-Simulationen angeregt, in denen er verschiedene Wege zur Zielerreichung gedanklich erprobt. Mentale Simulationen sorgen dafür, dass Handlungsanforderungen besser verstanden und die nachfolgenden Handlungen besser organisiert und miteinander koordiniert werden. Sportler führen diese Prozesse sehr bewusst durch, wenn sie vor einem Rennen im Geiste die Strecke mehrfach durchgehen. Zweifellos führen mentale Simulationen zu besseren Handlungsergebnissen, also zu Leistungssteigerungen.

13. Qualifikationsaufbau

Im Rahmen von zielbasierten Systemen sollen Mitarbeiter von Periode zu Periode schrittweise immer anspruchsvollere Ziele erhalten. Im Verbund mit der systemseitig vorgesehenen freien Wahl der Wege zum Ziel sind sie daher intensiv aufgefordert,

- Handlungsfreiräume zu füllen,
- Eigeninitiative zu entwickeln,
- Entscheidungen zwischen alternativen Vorgehensstrategien zu treffen,
- sich selbst zu steuern,
- über eigene Zielbeiträge zu den Oberzielen der Organisation zu reflektieren, also gesamtunternehmerisch zu denken.

Konsequent über einen längeren Zeitraum praktiziert, stellen diese Prozesse ein Trainingsprogramm für wichtige Schlüsselkompetenzen auf der Persönlichkeitsebene dar. Die Mitarbeiter werden sich diesen impliziten – fast unmerklichen, aber stetigen – Entwicklungsprozessen gar nicht entziehen können. Zielbasierte Führungssysteme sind damit ein wichtiger Beitrag zu der Personalentwicklung in einer Organisation.

14. Zielautomatisierungsprozesse

Einmal mit dem Mitarbeiter vereinbarte Ziele wirken deutlich über die eigentliche Zielerreichungsperiode hinaus. Wurde beispielsweise für eine Stelle in einem Jahr die Erreichung eines bestimmten Kostensenkungsziels vereinbart, dann besteht eine gewisse Wahrscheinlichkeit, dass der Mitarbeiter das Kostenziel auch in den Folgeperioden beachtet, obwohl es gar nicht mehr explizit vereinbart wurde.

Nach der **Automotivtheorie** (Oettingen und Gollwitzer 2002, S. 51 ff.) setzen sich Menschen nicht nur Ziele auf der Basis bewusster Überlegungen oder Vereinbarungen, sondern auch auf Basis unbewusster, automatisierter Prozesse. Wenn also ein Mitarbeiter in der Vergangenheit lange und intensiv genug unter bestimmten Rahmenbedingungen ein Kostensenkungsziel verfolgt hat, dann hat er eine mentale Verknüpfung zwischen einem Ziel und einer Handlungssituation „gelernt". Tritt nun in der Zukunft die gleiche oder eine ähnliche Handlungssituation wieder auf, dann wird er die Kostenziele automatisch aktivieren und sein Handeln davon leiten lassen, ohne dass es einer expliziten Zielsetzung bedarf. Vergangene Ziele vervielfältigen sich also bis zu einem gewissen Grad selbständig in die Zukunft und entfalten auch dort positive Wirkungen auf das Leistungsverhalten.

2.1 Geeignete Zieltypen

Welche Typen von Zielen sollten mit Mitarbeitern vereinbart werden?

Eine umfassende Zielvereinbarung mit einem Mitarbeiter sollte verschiedene Arten von Zielen enthalten. Einen Vorschlag für einen vollständigen Zielkatalog enthält Abb. 2.1. Demnach bieten sich sieben Zieltypen an, die nachfolgend näher erläutert und durch ein Beispiel untersetzt werden (siehe auch Eyer und Haussmann 2014, S. 31 ff.).

(→ Kästen 1 – 3 im Überblick)
Mit jedem Mitarbeiter sollten für seine Stelle

- Aufgabenziele,
- Leistungsziele,
- Ressourcenziele

vereinbart werden. Diese Ziele zeichnen sich dadurch aus, dass sie **innerhalb** der derzeitigen Organisationsstrukturen und Prozessabläufe erreicht werden sollen. Mit ihnen wird sichergestellt, dass einerseits wichtige Aufgaben und Projekte in der Organisation tatsächlich auch angegangen und erledigt werden und dass andererseits in der Aufgabenwahrnehmung eine ständige Verbesserung in kleinen Schritten erreicht wird. Bildlich gesprochen wird die Latte für die Mitarbeiter in jeder Zielperiode – in zumutbarem Umfang – ein kleines Stück höher gelegt. Diese Verfahrensweise bietet für die Mitarbeiter eine ständige Aufforderung, über kleinere effizienzverbessernde Maßnahmen oder auch anspruchsvollere Aufgabenelemente

© Springer Fachmedien Wiesbaden 2016
K. Watzka, *Ziele formulieren*, essentials, DOI 10.1007/978-3-658-12274-4_2

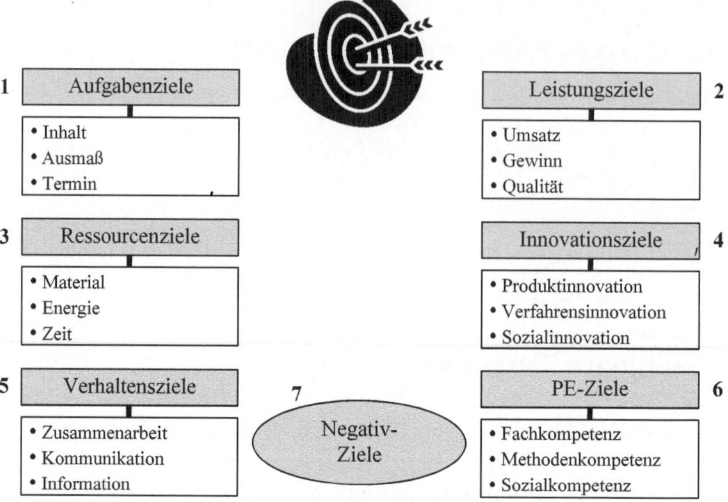

Abb. 2.1 Zielkatalog für Zielvereinbarungen

auf ihrer Stelle nachzudenken. Damit wird die Philosophie der *Kontinuierlichen Verbesserungsprozesse* (KVP) wirkungsvoll unterstützt.

(➔ Kasten 1)
Innerhalb der **Aufgabenziele** werden ausgewählte, besonders zentrale Einzelaufgaben hinsichtlich

- ihrer Inhalte *(„Was?")*,
- ihres Erreichungsausmaßes *(„Wieviel?")*,
- ihrer Terminierung *(„Wann/bis wann?")*.

durch Ziele präzise untersetzt.

Beispiel

Die Personalreferentin der *Hightech AG* könnte in einem schwierigen Arbeitsmarktumfeld das Ziel haben, bis Ende des Jahres 30 geeignete Auszubildende für technische Berufe zu rekrutieren.

(➔ **Kasten 2**) Bei den **Leistungszielen** kann ein direkter Bezug bevorzugt zu finanzwirtschaftlichen Zielkategorien (z. B. Umsatz, Gewinn, Rentabilität) hergestellt werden. Dies wird nicht auf allen Stellen möglich sein. Alternativ bieten sich dann qualitätsbezogene Parameter (z. B. Produktqualität, Prozessqualität) an.

> **Beispiel**
>
> Die *Hightech AG* kämpft schon seit Jahren mit relativ hohen Abbrecherquoten bei ihren Auszubildenden. Mit der Personalreferentin wird daher ergänzend zu ihrem Rekrutierungsziel das Leistungsziel vereinbart, dass die Abbrecherquote im kommenden Jahr um 20 % abgesenkt werden soll.

(➔ **Kasten 3**)

Da auf jeder einzelnen Stelle im Unternehmen Einsatzfaktoren der unterschiedlichsten Art verbraucht werden, ist es naheliegend, den Ressourcenverbrauch zum Gegenstand von Zielvereinbarungen zu machen. Dies geschieht innerhalb der **Ressourcenziele**. Sie beziehen sich etwa auf die verbrauchte Materialmenge, den Energieverbrauch, aber auch auf die Ressource „Zeit“, wenn die Prozessgeschwindigkeit weiter erhöht werden soll.

> **Beispiel**
>
> Mit der Personalreferentin der *Hightech AG* könnte vereinbart werden, dass sie bei ihren Rekrutierungsaktivitäten im Vergleich zum Vorjahr 5000 € weniger an Kosten für Inserate in Printmedien benötigen soll.

(➔ **Kasten 4**)

Es ist dringend zu empfehlen, mit jedem Stelleninhaber mindestens ein **Innovationsziel** zu vereinbaren. Die Mitarbeiter sollen sich hier nicht mehr wie bei den Zieltypen 1–3 gedanklich innerhalb der derzeitigen Organisationsstrukturen und Prozessabläufe bewegen. Vielmehr sollen sie diese kritisch hinterfragen und weiterentwickeln.

Über Innovationsziele auf jeder einzelnen Stelle wird ein betriebliches Innovationsmanagement wirkungsvoll unterstützt. Innovationsziele senden an jeden Mitarbeiter das Signal, dass das Denkmuster *„Das haben wir schon immer so gemacht“* in der Organisation explizit unerwünscht ist. Ein *„Weiter so“* wird durch die Philosophie eines *„Stillstand ist Rückschritt“* ersetzt.

Innovationsziele können sich gemäß einer gängigen Dreiteilung beziehen auf:

- Produktinnovationen (neue Produkte, Produktelemente, neue Dienstleistungen),
- Verfahrensinnovationen (neue Methoden, Techniken, Instrumente, Prozessabläufe),
- Sozialinnovationen (Rahmenbedingungen der Arbeitsverrichtung, Instrumente und Prozesse bei der Kooperation zwischen Mitarbeitern oder Abteilungen).

Entweder wird direkt der Einsatz einer konkreten Innovation im Arbeitsgebiet des Mitarbeiters vereinbart oder das Innovationsziel besteht sehr abstrakt in der Aufforderung an den Mitarbeiter, zu einem bestimmten Feld seiner Aufgabe eine optimierende Neuerung zu konzipieren. Existiert in der Organisation ein ausdefiniertes Verbesserungsvorschlagswesen, dann könnte das Ziel auch einfach darin bestehen, dass der Mitarbeiter eine Anzahl X an Verbesserungsvorschlägen einreicht. Zwei Führungsinstrumente sind dann sinnvoll miteinander verzahnt.

Beispiel

Mit der Personalreferentin der *Hightech AG* könnte etwa vereinbart werden, dass die Personalauswahl für die neu zu rekrutierenden Auszubildenden nicht mehr wie bisher nur über Einstellungsinterviews erfolgt, sondern zusätzlich auch Assessment-Center konzipiert werden sollen. Um die Bewerberansprache weiter zu verbessern, könnte man mit ihr zusätzlich auch Vorträge auf Ausbildungsmessen vereinbaren. Beides wären anspruchsvolle, innovative Weiterentwicklungen in ihrem Arbeitsgebiet.

(➜ **Kasten 5**) **Verhaltensziele** sind ein weiterer sinnvoller Bestandteil von Zielvereinbarungen. Es ist hinreichend bekannt, dass in Organisationen abteilungsinterne und abteilungsübergreifende Kooperationen oftmals nicht so funktionieren, wie sie es im Interesse der Organisation und ihrer Kunden sollten. Typische Problemzonen sind:

- Abstimmungs-/Kommunikationsprozesse erfolgen nicht oder nur halbherzig,
- Informationen fließen nicht zeitnah, nicht vollständig oder nicht an die Stelle, an der sie benötigt werden,
- Wissen wird nicht geteilt, sondern aus persönlichen Machtmotiven zurückgehalten.

Über die Berücksichtigung von konkreten Zielen zu Zusammenarbeit, Kommunikation, Informations- und Wissensweitergabe etc. steht eine wirkungsvolle Stellschraube zur Verbesserung dieser „weichen", gleichwohl aber sehr wichtigen Prozesse zur Verfügung.

Beispiel

Bei der *Hightech AG* könnten sich die Ausbildungsmeister in der Vergangenheit beklagt haben, dass sie von der Personalabteilung bei der Einstellung von Auszubildenden *„immer vor vollendete Tatsachen gestellt wurden und dann sehen mussten, wie sie mit den ausgewählten Personen im Ausbildungsprozess klar kommen."* Und von den Fachabteilungen verlautete immer mal wieder, dass sie *„nie so recht wissen, wie weit der Einstellungsprozess denn eigentlich schon vorangeschritten ist"*. Es liegt also nahe, mit der Personalreferentin zwei Verhaltensziele zu vereinbaren, die eine bessere Einbindung der Ausbildungsmeister in die Entscheidungsprozeduren einerseits und eine zeitnahe Information der Fachabteilungen über den aktuellen Verfahrensstand andererseits vorsehen.

(→ Kasten 6)
Einen unverzichtbaren Zielkomplex stellen **Personalentwicklungsziele** (PE) dar. Es macht Sinn, die Qualifikationen der Mitarbeiter aktuell zu halten oder zu verbessern. Warum?

- In stark arbeitsteiligen Prozessen stellt jeder einzelne Mitarbeiter mit Qualifikationsdefiziten eine ernste Bedrohung für die Qualität eines Gesamtprozesses dar.
- Eine im Vergleich zu Wettbewerbern besser qualifizierte Belegschaft kann zu einem wichtigen Wettbewerbsvorteil am Markt werden.
- Viele Mitarbeiter selbst streben schon rein zur Sicherung ihres Arbeitsplatzes, aber auch zur Wahrnehmung von Aufstiegs- oder Versetzungschancen eine Ausweitung ihrer Qualifikationen an.

Personalentwicklung ist eine Führungsaufgabe und muss in enger Abstimmung zwischen Mitarbeiter und Vorgesetztem stattfinden. Daher sollte jede Zielvereinbarung mindestens ein bis zwei PE-Ziele enthalten, die auf die Beseitigung eines im Arbeitsprozess erkannten Qualifikationsdefizits gerichtet sind oder zur Übernahme von neuen Aufgaben(elementen) befähigen, bei der die beim Mitarbeiter diagnostizierten Potenziale gehoben werden sollen. Dies nicht zu tun, wäre Ressourcenverschwendung.

Hinsichtlich der Inhalte von PE-Zielen kann die bekannte Dreiteilung in

- *Fachkompetenzen* (z. B. Sprachkenntnisse, Schweißerschein, Kenntnis von Gesetzen),
- *Methodenkompetenzen* (z. B. Projektmanagement, Moderationstechnik, Kreativitätstechniken),
- *Sozialkompetenz* (z. B. Kommunikationsfähigkeit, Konfliktfähigkeit, Führungskompetenz).

eine strukturierte Anregung bieten. Eine konsequente Berücksichtigung von PE-Zielen in jeder Zielperiode, füllt den Slogan vom „lebenslangen Lernen" handhabbar mit Leben.

(→ Oval 7)

Auf den ersten Blick etwas um die Ecke gedacht, auf den zweiten Blick aber sehr naheliegend ist die Berücksichtigung von **Negativ-Zielen**. Wenn Mitarbeiter immer wieder neue und anspruchsvollere Aufgaben übernehmen und Leistungsziele über mehrere Perioden nachhaltig nach oben entwickelt werden sollen, dann muss im Gegenzug auch konsequent für Entlastung gesorgt werden. Der Versuch einer andauernden, undifferenzierten Leistungsverdichtung nach dem Motto *„schneller, weiter, höher"* wird schnell an die Grenzen der Entwicklung führen und die Mitarbeiter ausbrennen und frustrieren. Mit fairem Umgang und intelligenter Mitarbeiterführung hat das nichts zu tun!

Wer Neues erreichen will, der muss zunächst einmal alten Ballast abwerfen. Im Rahmen von Zielvereinbarungen sollte also nicht nur festgelegt werden, was *aktiv erreicht* werden soll, sondern auch, worauf *explizit verzichtet* werden soll. Welche Aufgaben und Prozesse werden nicht mehr ausgeführt, welche Formulare nicht mehr ausgefüllt und welche Datenbanken nicht mehr gepflegt? Bei einem kritischen Blick wird man in jeder Organisation und auf jedem Arbeitsplatz Routinen finden, deren ersatzlose Abschaffung den Erfolg in keinster Weise beeinträchtigt.

Psychologisch sind solche Verzichtshandlungen alles andere als einfach. Menschen sind Gewohnheitstiere und Routinen bieten auch Stabilität und Sicherheit. Niemand gibt gern auf, was er gut beherrscht. Die explizite Formulierung von Negativ-Zielen bietet eine wirkungsvolle Hilfe beim Loslassen und macht den Trennungsakt später auch überprüfbar. Gerade wirksame Menschen trennen sich konsequent von alten Gewohnheiten, um Energie und Zeit für neue Themen freizusetzen.

Ein Zitat fasst die Überlegungen pointiert zusammen.

Am Anfang muss das Ausmisten stehen, das systematische Aufgeben bisheriger Gewohnheiten, Tätigkeiten und Aufgaben.

Die jährliche Zielsetzung ist nicht nur der Ort der Fokussierung, sondern auch die beste Gelegenheit, das Unternehmen systematisch zu entschlacken, (...) es von innen heraus zu „entgiften, den angesammelten Müll wegzuräumen und Platz zu schaffen für Neues.
(Malik 2000, S. 180)

2.2 Anzahl der Ziele

Wie viele Ziele sollten mit einem Mitarbeiter vereinbart werden?

Die Versuchung ist groß, bei den Zielgesprächen über die Vereinbarung möglichst vieler Ziele die Welt aus den Angeln heben zu wollen. Sinnvoll wäre es nicht. Weniger ist im Zweifelsfall mehr. Bei den Aufgabenzielen lautet die Empfehlung „drei Ziele". Die absolute Obergrenze liegt bei fünf.

Zu viele Ziele, die Mitarbeiter gleichzeitig im Auge behalten sollen, zwingen ihren Aufmerksamkeitsapparat in multiple Anforderungen, denen er nicht mehr gewachsen ist. Logische Folge ist, dass einzelne Ziele aus dem Fokus der Mitarbeiter rücken und damit auch nicht mehr konsequent verfolgt werden. Die durch Ziele eigentlich angestrebten Prozesse der Aufmerksamkeitsfokussierung und Bündelung von Handlungsenergien (siehe Kap. 1.6) gelingen bei zu vielen Aufgabenzielen nicht mehr.

Negative Effekte sind zudem auf die Motivation zu erwarten, da hinreichend große Erfolgserlebnisse nicht entstehen können. Folgendes Zitat bringt es auf den Punkt:

Es sind (...) die großen Aufgaben, an denen Menschen sich entwickeln, die sie motivieren, die sie ihre Grenzen überschreiten lassen. (...)
Die meisten Menschen haben zu viele, dafür aber zu kleine Aufgaben. Damit werden sie verdorben, sie kümmern vor sich hin, verzetteln sich und haben zwar viel Arbeit, jedoch (...) keine Erfolgserlebnisse – weshalb man sie dann motivieren muss. (Malik 2000, S. 179 f.)

Für alle anderen Ziele aus dem in 2.1 empfohlenen Zielkatalog (Leistungs-, Ressourcen-, Innovations-, Verhaltens-, Personalentwicklungs- und Negativziele) folgt aus den Überlegungen, dass man je Kategorie lediglich ein, im begründeten Ausnahmefall höchstens zwei Ziele vereinbaren sollte. Alles andere würde nicht nur den Mitarbeiter bei der Zielverfolgung überfordern, sondern auch dessen Vorgesetzten, der ihn über seine Führungsarbeit bei diesem Prozess wirkungsvoll begleiten soll.

Natürlich kann die Anzahl der Ziele nicht unabhängig vom zugrunde gelegten Zielerreichungszeitraum gesehen werden. Je länger er ist, umso mehr Ziele können auch in den Zielkatalog aufgenommen werden. Hier wurde für einen typischen Zielverfolgungszeitraum von einem Jahr argumentiert.

Relativierung: Die Beschränkung bei den Aufgabenzielen birgt zweifellos die Gefahr, dass dem Mitarbeiter die nicht durch Ziele untersetzten kleineren – aber gleichwohl sehr wichtigen – Aufgaben aus dem Blick geraten und nicht mit der erforderlichen Konsequenz bearbeitet werden. Dies zu verhindern, ist Aufgabe des direkten Vorgesetzten im täglichen Führungshandeln. Er ist gefordert, sehr flexibel diejenigen Leerstellen zu füllen, die das Instrument „Zielvereinbarung" nicht abdeckt.

2.3 Quantitative und qualitative Ziele

Wie ist zu verfahren, wenn auf einer Stelle keine quantifizierbaren Aufgaben zu erledigen sind?

Zweifellos ist die Formulierung von Zielen und auch die Messung der Zielerreichung einfacher, wenn auf einer Stelle in Zahlen fassbare Größen relevant sind: Kostensenkungen, Umsatzsteigerungen, Termineinhaltungen, Fehlerquoten etc.

Daraus ist aber keinesfalls abzuleiten, dass Zielvereinbarungen in einem Unternehmensbereich nicht möglich sind, weil nur Aufgabenfelder zu bearbeiten sind, die nicht in konkreten Zahlen zu messen sind. Trotzdem sind die Aufgaben wichtig und daher muss auch das Leistungsverhalten der Mitarbeiter nach ihnen ausgerichtet werden. Wer wollte bestreiten, dass

- hochwertige Kundenberatung,
- Kundenbindung,
- verbesserte innerbetriebliche Kooperationen oder Informationsflüsse

wichtige Ziele darstellen? Die Formulierung von Kennziffern zu ihnen bereitet mitunter aber große Schwierigkeiten. Dann sollte man es auch lassen und nicht die Quantifizierung des Unquantifizierbaren versuchen. Das macht Ziele nur unnötig lächerlich und angreifbar. Will man wirklich ernstlich hochwertige Kundenberatung in „investierten Gesprächsminuten" messen? Pseudogenauigkeit nützt niemandem! Gewisse Unschärfen in der Messung qualitativer Ziele müssen einfach akzeptiert werden.

Zwar gibt es die Managementweisheit „If you can't measure it, you can't manage it" („Was man nicht messen kann, kann man auch nicht managen."), aber richtig müsste sie eigentlich heißen „If you can't describe it, you can't manage it" („Was man nicht beschreiben kann, kann man auch nicht managen").

Die grundsätzliche Empfehlung für die Balance aus quantitativen und qualitativen Zielen kann also nur lauten:

▶   „So viele **quantitative** Ziele wie möglich, so viele **qualitative** Ziele wie nötig."

Welche konkreten Optionen bestehen nun zum Umgang mit Aufgabenfacetten, die nicht über quantitative Ziele abbildbar sind?

Alternative 1

Es ist eine möglichst präzise, ausführliche verbale Beschreibung des finalen Zustands zu verfassen, der erreicht werden soll. Eine komplett beschriebene Seite je Ziel wird keine Seltenheit sein. Dieser Formulierungsprozess und der Dialog darüber vertieft als wertvollen Nebeneffekt das (gemeinsame) Verständnis zum Zielinhalt.

Hilfreich ist dabei zusätzlich das Denken in der Kategorie von Lastenheften. Es werden dabei – in Analogie zur Entwicklung von Produkten – möglichst viele Kriterien festgelegt, denen eine Lösung entsprechen soll.

Alternative 2

Bei manchen qualitativen Zielen kann auch der Zielerreichungsgrad nur schwer exakt fassbar sein oder auch erst in einer ferneren Zukunft hinreichend sicher bestimmbar sein.

Beispiel

Ein Mitarbeiter im Personalbereich hat das Ziel, das Arbeitgeberimage bei Hochschulabsolventen zu verbessern. Die ergriffenen Aktivitäten wirken nicht kurzfristig. Daher ist ihr Erfolg möglicherweise abschließend auch erst in einigen Jahren zu beurteilen. Wie könnte man mit dieser Situation bei einer jährlichen Zielerreichungsbeurteilung umgehen?

Die Lösung liegt in einem Perspektivenwechsel von einer *outputorientierten* Betrachtungsweise hin zu einer *inputorientierten* Betrachtungsweise. Der Vorgesetzte beurteilt dann die vom Mitarbeiter ergriffenen Aktivitäten unter den Kriterien „Plausibilität" und „Intensität". Er macht sich mit anderen Worten auf Basis der Darlegungen des Mitarbeiters ein Bild davon, inwieweit der Mitarbeiter systematisch und engagiert auf einem Gestaltungsfeld aktiv war.

2.4 Beeinflussbarkeit der Ziele

Unter welchen Bedingungen lösen Ziele eine besonders hohe Motivation beim Mitarbeiter aus? Unter welchen Bedingungen wird die Motivation unterdrückt?

Warum sollte sich ein Mitarbeiter zur Erreichung von Zielen anstrengen, wenn er den Eindruck hat, dass er durch seinen eigenen Einsatz das Ausmaß der Zielerreichung nur sehr beschränkt beeinflussen kann? Zur schlüssigen Beantwortung dieser überaus wichtigen motivatorischen Frage ist ein Ausflug in die Theorie der Motivation sinnvoll (Berthel und Becker 2013, S. 59 ff.).

Theorieinput zur Motivation
Innerhalb der Motivationstheorien – speziell im Rahmen der sogenannten *„Erwartungs-Valenz-Ansätze"*, thematisiert man die Frage der *subjektiven Einschätzung der Erreichbarkeit von Handlungszielen* unter dem Stichwort der „Anstrengungserwartung". Sie ist eine von drei Basiskomponenten, von denen die menschliche Motivation – verstanden als Antriebskraft für Handlungen – abhängt. Die Grundaussage dieser Motivationstheorien zeigt in vereinfachter Form Abb. 2.2.

Demnach hängt die Motivation von Mitarbeitern vom multiplikativen Zusammenwirken von Valenz, Anstrengungserwartung und Konsequenzerwartung ab. Das Multiplikationszeichen soll in der modelltheoretischen Vorstellung zum Ausdruck bringen, dass keine der Komponenten gleich Null werden darf, wenn Motivation entstehen soll.

Valenz Man versteht darunter die subjektive Bewertung eines von der Organisation gebotenen Anreizes durch den Mitarbeiter. Ein Beschäftigter wird bei diesem – eher unbewusst ablaufenden kognitiven Prozess – für sich klären, inwieweit der dargebotene Anreiz geeignet ist, ein offenes Bedürfnis bei ihm zu befriedigen. Offeriert also eine Organisation beispielsweise eine Beförderung, wenn ein bestimmtes Leistungsniveau gezeigt wird, dann hängt die Motivationswirkung dieses Anreizes entscheidend davon ab, ob einem Mitarbeiter hierarchischer Auf-

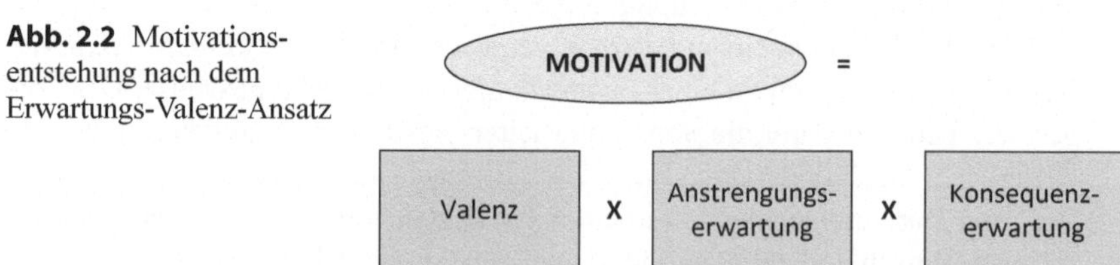

Abb. 2.2 Motivationsentstehung nach dem Erwartungs-Valenz-Ansatz

stieg Bedürfnisbefriedigung vermittelt. Ist dem nicht so, dann hat der Anreiz eine geringe Valenz und seine Motivationswirkung geht ins Leere

Anstrengungserwartung Diese zweite Komponente interessiert hier besonders. Dahinter verbirgt sich die subjektive Einschätzung eines Mitarbeiters, in welchem Umfang er glaubt, durch eigenes Handeln die Entstehung eines Leistungsergebnisses oder die Erreichung eines Zieles beeinflussen zu können. Wenn er nur geringe Einflussmöglichkeiten sieht, dann ist dies gleichbedeutend mit einer geringen Anstrengungserwartung. Sie führt zwangsläufig zu einem niedrigen Motivationsniveau. Niemand rudert auf Dauer gern ein Boot, wenn die Paddel nicht im Wasser stecken.

Konsequenzerwartung Hier kalkuliert der Mitarbeiter dann noch für sich die Wahrscheinlichkeit, dass es nach Erreichung eines Zieles bzw. Leistungsergebnisses tatsächlich auch zur Gewährung des ausgelobten Anreizes kommt. Auf seinem kognitiven Prüfstand steht also die Frage, ob in der Organisation

- Leistung/Zielerreichung überhaupt wahrgenommen wird,
- gerecht bewertet wird,
- angemessen und gerecht belohnt wird.

Hat ein Mitarbeiter daran ernstliche Zweifel, dann wird es trotz hoher Attraktivität der Anreize und trotz eines wahrgenommenen hohen Einflusses auf die Leistungsentstehung nur zu schwach ausgeprägter Motivation kommen.

Theorieumsetzung
Im Lichte der Anstrengungserwartung betrachtet, sind also für Zielvereinbarungen grundsätzlich nur solche Ziele geeignet, bei denen die Mitarbeiter einen starken und direkten Einfluss auf den Grad der Zielerreichung haben. Dieser Aspekt ist vor der endgültigen Zielverabschiedung besonders kritisch zu prüfen. Ungeeignet wären insbesondere Ziele, bei denen Mitarbeiter bei der Aufgabenerfüllung

- sehr stark von unkalkulierbaren äußeren Rahmenbedingungen abhängen (z. B. erratische Ölpreis- oder Wechselkursschwankungen, unvorhersehbare Marktschwankungen, Änderungen von Rechtsvorschriften oder auch häufiger Ausfall von Zulieferern),
- stark von Entscheidungen anderer Stellen abhängen,
- stark auf die Qualität der Vorleistung von anderen Wertschöpfungsstufen angewiesen sind.

Beispiel

Von einem Meister in der Fertigung wird man nur hohes Engagement bei der Erreichung von Qualitätszielen erwarten können, wenn man ihm auch Einflussmöglichkeiten auf die Qualität der Rohstoffe, Einsatzmaterialien oder Werkzeuge einräumt. Analog benötigt ein regionaler Verkaufsleiter für seine Absatzziele einen gewissen Freiraum bei der Anpassung der Werbestrategie an die Besonderheiten des konkreten regionalen Umfelds.

Relativierung: Wir reden hier bei der Forderung nach Unabhängigkeit von Entscheidungen und Vorleistungen anderer Stellen über einen diffizilen Balanceakt. Denn Spezialisierung und Arbeitsteilung ist in modernen Organisationen aus Gründen der Effizienzsteigerung ja durchaus gewollt und eigentlich unverzichtbar. Sie schafft aber andererseits hohe Abhängigkeiten der Stellen voneinander. Dies kann bei der Verfolgung von Zielen, auf der psychologischen Ebene, dann durchaus kontraproduktiv wirken. Der Aussöhnungsmechanismus zwischen notwendiger Arbeitsteilung einerseits und Unabhängigkeitsstreben der Mitarbeiter andererseits liegt in der parallelen Vereinbarung von Zielen für übergeordnete Organisationseinheiten, also zum Beispiel Teamziele, Abteilungsziele.

2.5 Operationale und positive Zielformulierung

Wie müssen Ziele formuliert werden, damit sie für Mitarbeiter bei ihrer täglichen Arbeit optimale Orientierung bieten?

Operationale Ziele

Ziele taugen nur dann zu einer Steuerung der eigenen Handlungen, wenn sie hinreichend präzise formuliert sind. Unscharfe Zielformulierungen bieten zu wenig Orientierungsanker und belasten den Mitarbeiter unnötigerweise mit offenen Fragen. Die betriebswirtschaftliche Zieltheorie spricht in diesem Zusammenhang auch von „operationalen Zielen". Als operational bezeichnet man ein Ziel, das hinsichtlich fünf Dimensionen genau beschrieben ist (siehe Abb. 2.3).

- **WER?**   (➜   präzise Benennung des Zielerfüllungsträgers)
- **WAS?**   (➜   präzise Beschreibung des Zielinhalts)
- **WIEVIEL?** (➜   präzise Beschreibung des Zielausmaßes)
- **WANN?/
  BIS WANN?** (➜   präzise Angabe des Zielzeitbezugs)
- **WOMIT?**   (➜   präzise Angabe verfügbarer Ressourcen)

Abb. 2.3 Dimensionen operationaler Ziele

Nur auf der Basis von operationalen Zielen

- können Mitarbeiter ihre Handlungen zur Zielerreichung exakt planen,
- können Führungskräften den Mitarbeiter eindeutige und präzise Feedbacks zum Ausmaß der Zielerreichung geben.

Es spricht also sehr viel dafür, einer operationalen Zielformulierung viel Aufmerksamkeit zu widmen.

Beispiel

Nachfolgend sind zur Illustration eine inakzeptabel unpräzise und eine mustergültig operationale Zielformulierung gegenüber gestellt. Ein Mitarbeiter der Personalabteilung mit Zuständigkeit für das Hochschulmarketing könnte mit folgenden Vorgaben konfrontiert sein (Abb. 2.4).

Erkennbar mangelt es der linken Formulierung an handlungsanleitendem Charakter. Die Formulierung rechts dagegen ermöglicht dem Mitarbeiter eine klare Ausrichtung seiner Handlungsenergien. Sie hat zudem den Vorteil, dass aus ihr auch schon klar erkennbar wird, woran die Zielerreichung später gemessen werden soll (dazu noch näher in Kap. 2.6).

Positive Ziele

Ziele sollten, wenn irgend möglich, positiv formuliert sein. Die Psychologie spricht auch von sog. „Annäherungszielen" (z. B. *„Ich will als Führungskraft meinen Mitarbeitern hilfreiches Feedback geben."*) in Abgrenzung zu sogenannten

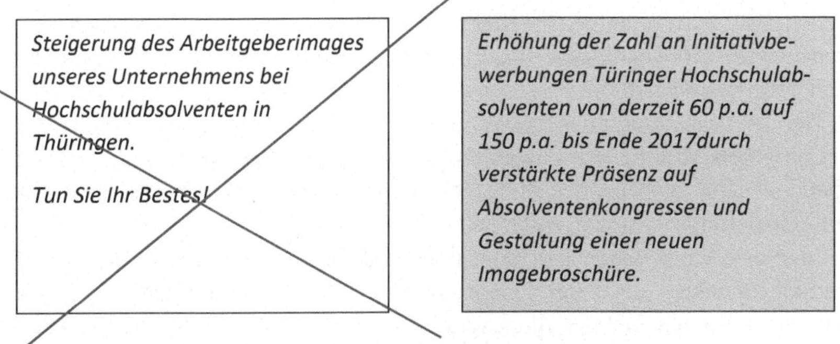

Abb. 2.4 Beispiel für unoperationale und operationale Zielformulierung

„Vermeidungszielen", die negativ formuliert sind (z. B. *„Ich will kein belangloses Feedback geben."*).

Positiv formulierte Ziele richten die Aufmerksamkeit auf positive, erwünschte Zustände und führen bei Zielverfolgung und Zielerreichung daher auch zu positiven Gefühlen. Negativ formulierte Ziele stellen eher eine mentale Verknüpfung zu unerwünschten Zuständen und damit auch zu negativen Emotionen her. Das allein ist im Sinne der Arbeitszufriedenheit schon beachtenswert.

Aber es geht nicht nur um den „Wellness-Faktor". Positiv formulierte Ziele führen auch zu besseren Ergebnissen. Eine plausible Erklärung dafür ist, dass positive Ziele eindeutiger definiert sind, indem sie einen Endzustand beschreiben. Negative Ziele dagegen beschreiben dagegen nur, was *nicht* erreicht werden soll. Sie lassen dadurch mehr Optionen offen und führen so zu weniger konkreten Zielvorstellungen beim Mitarbeiter. Mit anderen Worten: Positive Ziele beinhalten generell operationalere Handlungsvorgaben.

2.6   Eindeutige Zielerreichungskriterien

Wie wird festgestellt, in welchem Umfang der Mitarbeiter seine Ziele erreicht hat?

Hat ein Mitarbeiter sein Ziel vollständig erreicht? Hat er es nicht erreicht? Ist es nur zum Teil erreicht oder vielleicht sogar übererfüllt worden? Zu welchem Teil?

Bei der Beantwortung dieser Fragen sollte es möglichst wenig Unschärfen geben. Daher ist wichtig, dass schon bei der Zielformulierung – also im Vorfeld – eindeutige Kriterien definiert und dokumentiert werden, an denen später die Zielerreichung, Teilerreichung oder Zielverfehlung festgemacht wird. Die Einigung im Vorfeld erspart viele Konflikte und belastende Diskussionsprozesse im Nachgang.

Speziell, wenn in der Organisation auch nach Zielerreichungsgraden vergütet werden soll, müssen unterschiedliche Grade der Zielerreichung gemessen werden. Das führt zur Notwendigkeit, eine Einstufungsskala zu definieren (Eyer und Hausmann 2014, S. 41 ff.).

Bei der Festlegung aller Skalen, die im weitesten Sinne zur Einschätzung der Leistung von Mitarbeitern eingesetzt werden sollen, bewegt man sich immer im Spannungsfeld zwischen Leistungsgerechtigkeit einerseits und Messgenauigkeit/ Differenzierungsvermögen andererseits.

Im Sinne einer hohen Leistungsgerechtigkeit wäre eine lange Skala mit vielen Skalenpunkten angezeigt. Sie gestattet eine differenzierte Abstufung zwischen den verschiedenen Zielerreichungsgraden unterschiedlicher Mitarbeiter. Aber nur theoretisch. Denn rein praktisch wird der einschätzende Vorgesetzte schnell an die

Grenzen seines Differenzierungsvermögens kommen. Und bei vielen Zielen – speziell, wenn sie nicht quantitativ formuliert werden können – wird die genaue Feststellung des Zielerreichungsgrades mit größeren Unschärfen behaftet sein. Wie z. B. sollte bei einem Logistiker das Ziel *„Verbesserung der Kommunikationsstrukturen mit den Zulieferern"* und wie bei einem Teamleiter in der Fertigung das persönliche Entwicklungsziel *„Bessere Einbindung unterstellter Mitarbeiter in Entscheidungen"* in sehr vielen Abstufungen präzise gemessen werden?

Lange Skalen mit vielen Skalenpunkten produzieren hier allenfalls eine Pseudogenauigkeit.

Skalenvorschlag

Gesucht wird also ein sinnvoller Kompromiss zwischen leistungsgerechten Abstufungsmöglichkeiten einerseits und hinreichend genauer tatsächlicher Messbarkeit des Zielerreichungsgrads andererseits.

Hinter dem zweiten Aspekt steht auch die Frage, ob ein Vorgesetzter seine Einstufung dem Mitarbeiter gegenüber auch schlüssig und nachvollziehbar begründen kann. Bei einer zu langen Skala – etwa bei 11 Skalenpunkten – wird die Argumentation vermutlich schnell schwierig, wenn begründet werden soll, warum der Skalenpunkt 8 und nicht Skalenpunkt 9 angemessen ist.

Als pragmatischer Kompromiss wird daher zur Messung für alle Ziele eine 5er-Skala vorgeschlagen, die gleichzeitig prozentual und verbal verankert ist (siehe Abb. 2.5). Für jeden einzelnen Skalenpunkt sollten sich Mitarbeiter und Vorge-

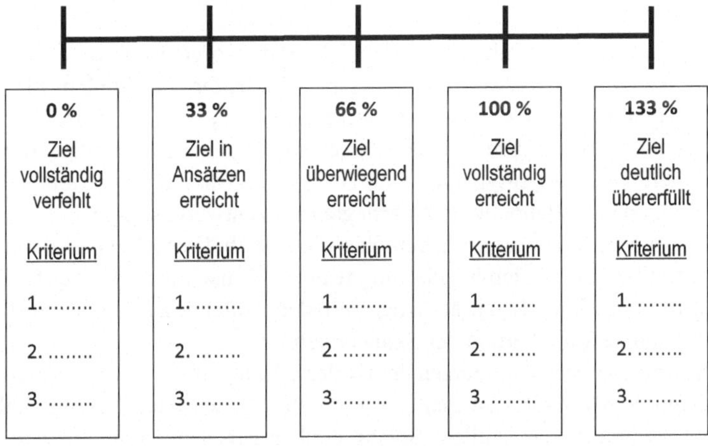

Abb. 2.5 Skalenvorschlag zur Messung der Zielerreichung

setzter im Rahmen der Zielvereinbarungsgespräche auf 1 bis maximal 3 Kriterien einigen, an denen dann das jeweilige Zielerreichungsniveau ersichtlich ist.

Erläuterung

Vier Aspekte sind zu diesem Skalenvorschlag noch erläuterungsbedürftig:

1. Im Bereich der Zielübererfüllung ist lediglich ein einziger zusätzlicher Skalenpunkt vorgesehen. Es soll damit bewusst ein Anreiz zur Vereinbarung realistischer Ziele gesetzt werden. Ziele, die vom Mitarbeiter in dramatischer Weise übererfüllt werden können, waren einfach von Anfang an zu tief gesetzt. Oder es wurde versäumt, auf deutliche Verbesserungen im Aufgabenumfeld über rechtzeitige Zielanpassungen zu reagieren.

2. Diese Skala wird für quantitativ und qualitativ messbare Ziele gleichermaßen vorgeschlagen. Kritiker könnten einwenden, dass bei quantitativen Zielen (z. B. Umsatzsteigerung) eine viel feinere Abstufung möglich wäre und damit Messpräzision verschenkt wird. Vordergründig stimmt das. Aber eben nur vordergründig. Die quantitative Messbarkeit einer Größe bedeutet nicht zwangsläufig, dass damit eine exaktere Aussage zur erbrachten Leistung eines Mitarbeiters in Relation zu anderen Mitarbeitern zu treffen wäre. Unschärfen bleiben auch hier hinsichtlich

- des persönlichen Einsatzes des Mitarbeiters zur Realisierung des Zielniveaus,
- der begünstigenden oder erschwerenden Rahmenbedingungen bei der Zielverfolgung,
- der relativen Schwierigkeit der formulierten Ziele im Vergleich zu Zielen anderer Mitarbeiter.

In Anbetracht dieser Unschärfen spricht viel dafür, organisationsweit nur einen einzigen Skalentyp zu verwenden. Dies gibt Mitarbeitern auf Stellen, für die primär „nur" qualitative Ziele formuliert werden können, auch nicht das Gefühl, lediglich „Zielvereinbarungen zweiter Klasse" zu erhalten. Zudem sorgt man durch einen einheitlichen Skalentyp auch dafür, dass das System nicht zu komplex wird.

3. Die bei den Skalenpunkten hinterlegten Prozentwerte sind nicht konkret numerisch zu begreifen, sondern haben eher eine symbolische Funktion. Sie sollen beim Beurteiler eine Skalenverankerung tendenziell nach einer Drittel-Logik herstellen. Im Verbund mit der zusätzlichen verbalen Skalenbeschreibung wird so eine stabilere mentale Verankerung der Skala erzielt.

4. Die verbalen Beschreibungen der Skalenpunkte wurden betont sachorientiert vorgenommen. Mitunter liest man die Empfehlung, dass auch Zielverfehlungen „positiv" formuliert sein sollten. Solche euphemistischen Verbrämungen stehen

einem konstruktiven, offenen und sachlichen Dialog über Zielverfehlungen eher im Wege. Ein „schönrednerischer verbaler Harmoniebrei" verhindert eine klare Diagnose der Ursachen für (teilweise) Zielverfehlungen. Und wo es keine klare Diagnose gibt, da kann es auch keine wirksame Therapie geben. In einem vertrauensvollen Führungsprozess unter „reifen" Beteiligten müssen „die Dinge beim Namen genannt werden" können.

Generell vermieden werden sollten Skalenbenennungen, die an das Schulnotensystem angelehnt sind. Sie wecken bei den Mitarbeitern eher negative Assoziationen, indem sie an Bewertungsakte im Lehrer-Schüler-Verhältnis erinnern. Es erfolgt eine unnötige symbolische Betonung des Machtunterschiedes, der dem angestrebten Dialog auf Augenhöhe nicht förderlich ist.

2.7 Offenheit der Wege und freie Mittelwahl

Wie sind angemessene Handlungsspielräume für den Mitarbeiter bei der Zielverfolgung sicherzustellen?

Es ist ein Grundsatzprinzip bei der Führung durch Ziele, dass die Mitarbeiter selbst entscheiden, mit welchen Mitteln oder über welche Maßnahmen sie ihre Ziele erreichen wollen. Das gewährt ihnen umfängliche Freiheitsgrade bei der Aufgabenerfüllung. Der Mitarbeiter kann den Weg wählen, der ihm am erfolgversprechendsten erscheint und der am besten zu seiner Persönlichkeitsstruktur und zu seinen bevorzugten Verhaltenstendenzen passt.

Führungskräfte sind aufgrund dieses Prinzips der Notwendigkeit enthoben, jede Arbeitsaufgabe, im Extremfall jeden Arbeitsschritt, einzeln anweisen zu müssen. Auch sie gewinnen dadurch beträchtliche zeitliche Freiräume. Die Außensteuerung des Mitarbeiters durch den Vorgesetzten ist in starkem Umfang durch die Selbststeuerung des Mitarbeiters ersetzt.

Daher muss jede Zielformulierung kritisch darauf hin geprüft werden, ob sie durch zu enge Vorgaben die gewollte freie Wahl der Mittel und Wege durch den Mitarbeiter nicht unnötig stark einschränkt und dann demotivierend und kreativitätsunterdrückend wirkt.

Ziele sollten als „finaler Zustand" formuliert werden, also lediglich beschreiben, „was erreicht werden soll". Allerdings sollte diese Forderung auch nicht zu dogmatisch gehandhabt werden. Denn selbstverständlich müssen Organisationsleitungen und Führungskräfte die Möglichkeit haben, grundsätzliche strategische Festlegungen zu treffen, die für den Mitarbeiter dann auch verbindlich sind.

Es ist durchaus möglich, einem Einkäufer bei seinem Ziel, einer *„Senkung der Beschaffungspreise um 10%"*, gleichzeitig vorzugeben, dass keine Zulieferer außerhalb eines Radius von 200 km berücksichtigt werden sollen, wenn es dafür wichtige strategische Gründe gibt. Der Einkäufer wird dies auch nicht als Einschränkung seiner Handlungsfreiheit empfinden, wenn die strategischen Erwägungen nachvollziehbar kommuniziert wurden.

2.8 Abstimmung auf Ressourcen

Welche Rahmenbedingungen müssen bei der Zielvereinbarung zwingend beachtet werden?

Jemand mit einem Eimer Wasser holen zu schicken, in dem kein Boden ist, ist weder besonders rational, noch besonders fair. Gute Ergebnisse werden sicherlich nicht erzielt und viel Begeisterung wird man bei künftigen Gängen zum Brunnen wohl auch nicht erwarten können. Was mit dieser kleinen Metapher zum Ausdruck gebracht werden soll: Ziele, für deren Verfolgung dem Mitarbeiter nicht die erforderlichen Ressourcen zur Verfügung stehen, sind wie ein Eimer ohne Boden, nämlich wirkungslos und demotivierend.

Realistische und faire Ziele sind insbesondere dadurch gekennzeichnet, dass die Ressourcenfrage vorab seriös geprüft und diskutiert wurde. Für die Zielverfolgung wichtige Ressourcenkomplexe sind

- Qualifikation des Mitarbeiters,
- verfügbare Arbeitszeit,
- Arbeitsmittel/-instrumente, technologische Ausstattung,
- verfügbare Personalkapazität,
- Budgets.

Es ist sinnvoll, die Mitarbeiter im Rahmen ihrer Vorbereitung auf das Zielvereinbarungsgespräch nicht nur Zielvorschläge erarbeiten zu lassen, sondern auch um eine parallele Ressourcenplanung zu bitten. Dies

- stärkt ihr gesamtunternehmerisches Denken,
- macht Ziele realistischer,
- verhindert bei späteren Zielverfehlungen die Ausrede „fehlender Ressourcen".

Verantwortung der Führungskraft

Führungskräfte tragen gerade bei der Prüfung der vorhandenen Ressourcen eine hohe Verantwortung. Zwar sollen Zielvereinbarungen von Periode zu Periode zu Leistungssteigerungen führen. Aber streng zu vermeiden ist ein permanentes und undifferenziertes Anheben der Leistungsziele. Das würden Mitarbeiter völlig zu Recht als „Anziehen der Daumenschrauben" empfinden.

Die Anpassung von Leistungszielen nach oben ist explizit erwünscht, aber nur, wenn sie über einen der vier nachfolgend aufgeführten Gründe zu rechtfertigen ist:

1. Die Mitarbeiter haben sich qualifikatorisch weiterentwickelt und sind daher leistungsfähiger.
2. Die Mitarbeiter schöpfen – aus welchen Gründen auch immer – ihr Leistungspotenzial nicht vollständig aus.
3. Die Mitarbeiter erhalten auf ihren Arbeitsplätzen eine verbesserte Ressourcenausstattung i. w. S. (z. B. Budgets, Personalkapazität, neue Technologien).
4. Die Rahmenbedingungen für die Aufgabenerfüllung haben sich verbessert, so dass die Zielerreichung leichter wird.

Liegt keiner dieser Tatbestände vor, dann kann auch eine Anhebung von Zielen nicht in Frage kommen. Sie wäre dann lediglich ein unfairer Akt der Ausbeutung. Insofern müssen Vorgesetzte und Mitarbeiter einen offenen und differenzierten Dialog über diese vier Ressourcenkomplexe führen.

Besonders zu achten haben Führungskräfte zudem auf Mitarbeiter mit einer latenten Tendenz zur Selbstausbeutung. Kurzfristig betrachtet sind solche Mitarbeiter wegen der temporär höheren Leistungen höchst „erfreuliche" Mitglieder. Langfristig enden Selbstausbeutungen aber immer in Selbstüberforderungen. Deren Folgen fügen der Organisation durch krankheitsbedingten Ausfall der Mitarbeiter, innerer Kündigung oder gar endgültiger Fluktuation aus Frustration langfristig hohen Schaden zu.

Verantwortlich und partnerschaftlich handelnde Führungskräfte nutzen Mitarbeiter mit solchen Selbstausbeutungstendenzen nicht aus, sondern treten mit ihnen in einen Entwicklungsprozess zur Korrektur des problematischen Verhaltens ein.

2.9 Freiwilligkeit der Zielentscheidung

Warum ist es so wichtig, dass Ziele eher „vereinbart" und weniger „vorgegeben" werden? Welche Bedeutung hat dabei die „Geisteshaltung", in der Führungskräfte bei Zielvereinbarungen agieren?

Idealerweise sollten sich die Mitarbeiter mit den vereinbarten Zielen vollständig identifizieren. Im Minimum müssen sie sie akzeptieren.

Identifikation ist zweifellos der stärkere Bindungsmechanismus. Identifizieren sich Mitarbeiter mit ihren Zielen, dann sind diese Teil ihres Selbstverständnisses und ihrer Selbstbewertung. Sie definieren sich als Person ein Stück weit über bestimmte Ziele. Ziele werden dann nicht mehr nur angestrebt, weil man den Erwartungen der sozialen Umwelt entsprechen möchte (*„ich muss"*), sondern aus tiefer innerer Überzeugung (*„ich will"*). Mitunter wird auch von „Ego-Involvement" gesprochen.

Akzeptanz als schwächerer Bindungsmechanismus bleibt eher an der Persönlichkeitsoberfläche. Akzeptanz ist weniger die Verinnerlichung, sondern eher nur die „Einwilligung" eines Mitarbeiters in die Erwartungen, die von der sozialen Umwelt an ihn herangetragen werden.

Entscheiden sich Mitarbeiter möglichst freiwillig für die Ziele, die sie auf ihrer Stelle in der nächsten Periode anstreben wollen, dann ist die Wahrscheinlichkeit für die Entstehung von Identifikation mit den Zielen – oder zumindest ihre Akzeptanz – besonders hoch. Freiwilligkeit wird über eine möglichst intensive Partizipation und Verzicht auf Manipulationsmechanismen bei der Zielvereinbarung erreicht (siehe auch Graumann und Klavina 2009, S. 30 ff.).

Unterschiedliche Stufen der Partizipation können gemäß Abb. 2.6 unterschieden werden. Stufe 5 beschreibt dabei ein Partizipationsverständnis wie es der „Führung durch Zielvereinbarung" zugrunde liegt.

Die Stufen 6 und 7 gehen noch darüber hinaus und umschreiben Freiheitsgrade für die Mitarbeiter wie sie im Managementkonzept des „Empowerment" diskutiert werden. Mitarbeiter erhalten hier eine Art umfängliche Handlungsvollmacht für den eigenen Arbeitsplatz, die auch eine weitgehend eigenständige Festlegung von Zielen einschließt. Unter Identifikationsgesichtspunkten wäre dieser Mechanismus natürlich ideal, dürfte aber derzeit wohl nur für eine sehr beschränkte Anzahl an Organisationen und Mitarbeiter in Frage kommen, also eher eine Vision darstellen, die am Ende eines längeren Entwicklungsprozesses stehen könnte.

Führungskräfte sollten sich im Sinne der Identifikation der Mitarbeiter mit ihren Zielen – natürlich in Abhängigkeit vom Reifegrad der Belegschaft und der in der Organisation herrschenden Führungskultur – auf dem dargestellten Kontinuum möglichst weit nach rechts bewegen.

Relativierung: Ein interessanter empirischer Befund soll aber nicht verschwiegen werden. Man konnte beobachten, dass auch häufig sog. „Tell and Sell–Ziele" zu hoher Akzeptanz und nachfolgend hoher Leistungsbereitschaft bei den Mitarbeitern führen. Bei diesem Zieltypus geben Vorgesetzte die Zielhöhe vor und erläutern den Mitarbeitern intensiv die Wichtigkeit der Ziele. Als zentraler Einflussfaktor

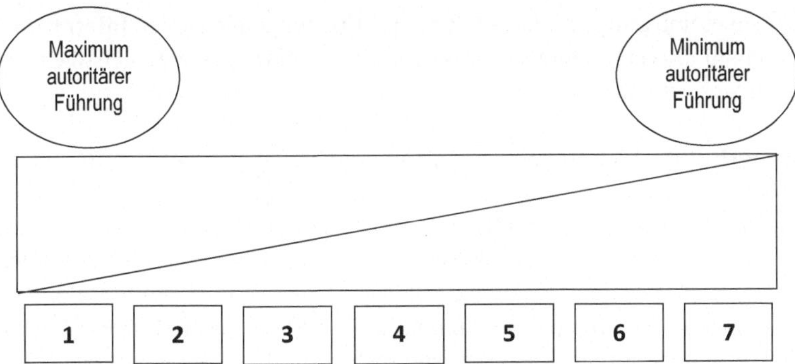

1 = Vorgesetzter legt die Ziele allein fest und gibt sie ohne weitere Erklärung vor.

2 = Vorgesetzter legt die Ziele fest und erläutert sie den Mitarbeitern.

3 = Vorgesetzter macht alternative Vorschläge für Ziele, lässt Fragen und Kommentare der Mitarbeiter zu, trifft aber final die Entscheidung über die Ziele allein.

4 = Vorgesetzter bittet die Mitarbeiter um Zielvorschläge, diskutiert mit ihnen die jeweiligen Pros und Contras, trifft aber final die Entscheidung über die Ziele allein.

5 = Vorgesetzter bittet die Mitarbeiter um Zielvorschläge und diskutiert mit ihnen die jeweiligen Pros und Contras. Die finale Festlegung der Ziele erfolgt gemeinsam in einem (ergebnis)offenen Diskussionsprozess.

6 = Vorgesetzter definiert Grenzen für die Ziele und überlässt die konkrete Zielfestlegung innerhalb dieser Grenzen den Mitarbeitern.

7 = Vorgesetzter gestattet den Mitarbeitern die eigenständige Festlegung von Zielen (= Empowerment).

Abb. 2.6 Partizipationsstufen bei der Zielfestlegung

wird eine „anerkannte Autorität" der Führungskraft vermutet. Vorgesetzte mit einer starken Autoritätsstellung können also im Ausnahmefall auch Ziele vorgeben und darauf setzen, dass sie von den Mitarbeitern als verpflichtend erlebt werden. Zielakzeptanz ist auf diesem Weg möglich, Identifikation aber wohl eher nur eingeschränkt.

Und ein weiterer Aspekt: Ein vertieftes Verständnis der Ziele und die Beseitigung etwaiger Zielunklarheiten ist in einem dialogorientierten Partizipationsprozess auch leichter möglich. Gerade bei komplexeren Aufgaben stellt eine ausführliche Zielvereinbarungsdiskussion für den Mitarbeiter auch einen Informationsgewinnungs- und -verarbeitungsprozess dar, der zu einer besseren geistigen Durchdringung der Aufgabenziele führt.

Führungskultur Identifikation mit den vereinbarten Zielen kann nur entstehen, wenn keine „Pseudopartizipation" betrieben wird, Mitarbeiter also wirklich das Gefühl haben, sich ohne Druck und subtilen Zwang für oder gegen bestimmte Ziele entscheiden zu können. Führungskräfte haben dabei eine Schlüsselrolle.

Wie Führungskräfte agieren und welchen Stellenwert sie den berechtigten Bedürfnissen ihrer Mitarbeiter einräumen, ist immer auch eine Frage der gewachsenen Werte und Normen, also der Unternehmenskultur. Sie bildet eine wichtige Basis für die verantwortungsvolle Handhabung von Zielvereinbarungen. Benötigt wird konkret eine Führungskultur mit den Werten „Ehrlichkeit, Vertrauen und Partnerschaftlichkeit". Triefendes Pathos? Nein! Erfolgsentscheidend für ein Managementsystem ist nicht nur seine technisch saubere Konstruktion, sondern vor allem der Geist, in dem es gehandhabt wird.

Unredliche Strategien der Führungskräfte sind der Tod der Zielvereinbarung! Wenn Vorgesetzte

- „trickreich" 180 % fordern, um sich auf 130 % herunterhandeln zu lassen,
- keine Gespräche auf Augenhöhe führen, sondern subtil ihre Hierarchieposition nutzen, um eigentlich nicht machbare Ziele durchzudrücken,
- über Ausbeutung der Mitarbeiter dominant ihre eigenen Karriere- und Profilierungsinteressen verfolgen,

dann empfinden die Mitarbeiter dieses Führungsinstrument zu Recht als „Folterwerkzeug".

Es gibt folgendes nette Bonmot:

> Man muss Mitarbeiter nur schnell genug über den Tisch ziehen, dann empfinden sie die dabei entstehende Reibungshitze als Nestwärme.

Sollten das aber wirklich die vorherrschenden Denkmuster der Führungskräfte in der Organisation sein, dann gilt es nüchtern zu erkennen, dass die Zeit für eine Einführung von Zielvereinbarungssystemen eben noch nicht reif ist. Die Missbrauchsgefahr zu Lasten der Mitarbeiter wäre zu hoch. In einem mehrjährigen Entwicklungsprozess muss dann bei den Führungskräften zunächst der erforderliche Reifegrad geschaffen werden. Partnerschaftliche Zielvereinbarungsgespräche auf Augenhöhe, selbstwertschützende Feedback- und Beurteilungsprozesse oder offene Dialoge zur Personalentwicklung sind dann Lernfelder, die – führungskulturprägend – vorab absolviert werden müssen.

2.10 Verknüpfung mit bedürfnisgerechten Anreizen

Welchen Beitrag können Anreize für die Identifikation mit Zielen leisten? Wo liegen die Grenzen der Verhaltenssteuerung über Anreize?

Wenn Mitarbeiter erkennen, dass sie durch eine engagierte Zielverfolgung Bedürfnisbefriedigung erlangen können, dann steigert das die Wahrscheinlichkeit für eine Identifikation mit den Zielen, zumindest aber für eine Erhöhung ihrer Akzeptanz.

Es muss also eine enge Verbindung zwischen dem Anreizsystem der Organisation (Berthel und Becker 2013, S. 567 ff.) und dem Zielvereinbarungssystem hergestellt werden. Wie vielfältig die Ansatzpunkte für die Gewährung von Anreizen sein können, zeigt im Überblick Abb. 2.7.

Diese exemplarische Auflistung zeigt, dass der Fantasie keine Grenzen gesetzt sind. Wichtig ist, dass die gebotenen Anreize auf offene Bedürfnisse der Mitarbeiter treffen. Und nachdem Menschen nun einmal verschieden sind, gelingt dies am besten, wenn das Anreizsystem in der Organisation nicht für alle Mitarbeiter das gleiche Anreizbündel bereithält, sondern in vertretbaren Grenzen auf die Bedürfnislagen unterschiedlicher Mitarbeiter(gruppen) angepasst werden kann bzw. Mitarbeitern Wahloptionen bietet.

Exkurs: Cafeteria-Ansatz und Anreizportfolio
Eine interessante Idee für ein bedürfnisgerechtes Anreizangebot stellt der „Cafeteria-Ansatz" dar (Berthel und Becker 2013, S. 616 ff.). Er sieht vor, dass für unterschiedliche Mitarbeitergruppen verschiedene Anreizpakete gebildet werden. Denn akademisch ausgebildete Mitarbeiter im Controllingbereich haben andere Bedürfnislagen als die ungelernten Hilfskräfte im Lagerbereich. Das Angebot verbilligten Wohnraums interessiert die erste Gruppe möglicherweise kaum, ruft bei der zweiten Gruppe aber größtes Interesse hervor.

Innerhalb der Anreizpakete für die einzelnen Mitarbeitergruppen sollten im Rahmen einer vorgegebenen Wertgrenze zudem Wahlalternativen bestehen. Der junge, ledige und kinderlose Mitarbeiter im Lager, der noch im elterlichen Haus wohnt, hat eine andere Bedürfniskonstellation zum Beispiel hinsichtlich eines persönlichen Versicherungspakets als der verheiratete Lagerarbeiter mittleren Alters mit 3 Kindern und eigenem Wohnhaus. Unterschiedliche Lebensphasen führen zu unterschiedlichen Bedürfnissen. Menschen sind eben nicht nur untereinander verschieden. Sie wandeln sich samt ihrer Bedürfnisse auch im Zeitablauf.

Materielle Anreize	**Immaterielle Anreize**
• Fixe Vergütung • Variable Vergütung 　• Akkord-/Prämienentlohnung 　• Zielboni 　• Provisionen 　• Erfolgsbeteiligungssysteme • Kapitalbeteiligung • Sozialleistungen 　- Betriebsrente 　- Vermögensbildung 　- Zinsgünstige Darlehen 　- Lebensversicherungen • Sachleistungen 　- Dienstwagen 　- Mitarbeiterrabatte 　- Freizeitangebote 　　(Sport, Kultur) 　- Wellness-Programme 　- Gesundheitsvorsorge 　- Verbilligter Wohnraum • Arbeitsplatzsicherheit 　- Jobgarantien 　- Verlängerung Kündigungsfrist 　- Aufhebung Befristung	• Weiterentwicklung 　- Karrierechancen 　- Qualifikationserwerb • Aufgabenveränderung 　• Job Rotation, Versetzung 　• Job Enlargement 　　(Aufgabenvergrößerung) 　• Job Enrichment 　　(Aufgabenanreicherung) 　• Auslandsstationen • Flexibilisierung 　• Arbeitszeit (Gleitzeit, freie 　　Tage, Sabbaticals, flexibler 　　Ruhestand) 　• Arbeitsort 　　(Telearbeit, Home-Office) • Statussymbole 　(Büro, Handy, Laptop, Uniform) • Macht, Einfluss 　• Entscheidungskompetenzen 　• Unterschriftsbefugnis 　• Personalverantwortung 　• „Elitäre" Gruppenmitgliedschaft • Führungsimpulse 　(Lob, Anerkennung, Feedback)

Abb. 2.7 Elemente von Anreizsystemen

Wie weit man mit der Ausdifferenzierung der Anreize gehen will, kann jede Organisation nur für sich selbst entscheiden. In jedem Fall sollte aber in regelmäßigen Abständen ein kritischer Blick auf das Anreizportfolio erfolgen. Sind dort Anreizelemente enthalten, die insgesamt nicht mehr zeitgemäß sind? Solche „Karteileichen" produzieren Kosten und lösen lediglich Mitnahmeeffekte aus, haben aber keinerlei motivierende Kraft. So mag vor einem Vierteljahrhundert der Jubilarurlaub noch „ein Knüller" gewesen sein, in Zeiten gut abgesicherter Urlaubsansprüche löst man durch ein wertgleiches Jahresabonnement für ein Fitness- und Saunazentrum vermutlich mehr Begeisterung aus.

Intrinsische und extrinsische Anreize
Identifikation mit den Zielen – es geht dabei um innere Überzeugung! – ist wohl dauerhaft nur über **intrinsische Anreize** zu erreichen. Es muss dazu gelingen, den Mitarbeitern über die Zielvereinbarung Aufgaben und Arbeitssituationen anzubieten, die ihnen Selbstverwirklichungspotenziale zum Beispiel über Entscheidungsfreiräume, Faszination, Kreativitätsspielräume oder persönliche Weiterentwicklungschancen bieten. Mitarbeiter verfolgen die Ziele dann aus eigenem inneren Antrieb. Dies ist eine sehr kostengünstige Form der Motivation.

In Organisationen wird es aber immer Aufgaben geben, bei denen das Selbstverwirklichungs- und Kreativitätspotenzial stark begrenzt ist. Sie müssen schlicht und einfach diszipliniert abgearbeitet werden. Dies ist aber nicht zwangsläufig das Ende für intrinsische Motivationsbemühungen. Jetzt sind Organisationsleitung und Führungskräfte gefordert. Gelingt es ihnen, den Mitarbeitern kommunikativ zu vermitteln, dass sie auch mit ihrer vergleichsweise langweiligen und unprätentiösen Aufgabe an einem lohnenswerten, faszinierenden übergeordneten Ziel mitarbeiten, dann entsteht auf diesem Weg intrinsische Motivation. Teer kochen allein ist wenig inspirierend, damit aber an der Nutzung einer vorher unfruchtbaren Wüstenregion mitzuarbeiten schon eher. Charismatische Führungskräfte und überzeugende Visionen sind bei diesem Kommunikationsakt sehr hilfreich. Sie können – in Anlehnung an die kleine Geschichte aus Kap. 1.3 – den Mitarbeitern das Gefühl vermitteln, nicht nur Steine zu behauen, sondern an einer Kathedrale mitzubauen.

Extrinsische Anreize, also solche, die „von außen" gewährt werden müssen, wie z. B. Zielboni, freie Tage, Statussymbole, werden wohl allenfalls zu Akzeptanz der Ziele führen, nicht aber zu Identifikation mit ihnen.

Materielle Anreize können schlimmstenfalls sogar die intrinsische Motivation zerstören, indem das Streben nach (äußeren) materiellen Anreizen das Streben nach (innerer) Erfüllung durch die Aufgabe sukzessive verdrängt. So wie man Kinder bei regelmäßiger materieller Honorierung jeder Gefälligkeit im Haushalt sehr schnell dazu bringen kann, die Tätigkeit nur noch wegen der Belohnung zu verrichten und nicht mehr aus Freude daran, den Eltern einen Gefallen zu tun, so werden auch Mitarbeiter möglicherweise in einem „Dressurakt" sehr schnell auf die Erlangung von materiellen Anreizen konditioniert.

Der Grat zwischen einer motivierenden extrinsischen Belohnung, die das Engagement für die Zielerreichung steigert, weil sich Zielerreichung in den Augen der

Mitarbeiter „lohnt" und einer extrinsischen Belohnung, die nur Mitnahmeeffekte produziert und mit zunehmender Sättigung graduell immer wirkungsloser wird, kann mitunter sehr schmal sein.

2.11 Angemessene Zielschwierigkeit

Wie sollte der Schwierigkeitsgrad von Zielen justiert werden?

Aufgabenziele der Mitarbeiter sollten zur optimalen Leistungsstimulation idealerweise „mittelschwer" sein. So liest man es häufig in Handlungsempfehlungen zu Zielvereinbarungssystemen. Gemeint ist dann immer der gelungene Kompromiss zwischen *„anspruchsvoll-herausfordernd"* einerseits und *„machbar-erreichbar-nicht überfordernd"* andererseits. Das klingt zunächst plausibel, ist aber wenig präzise und für Führungskräfte auch nur beschränkt hilfreich.

Die Frage nach der richtigen Zielschwierigkeit ist facettenreich, stark abhängig vom subjektiven Empfinden des einzelnen Mitarbeiters und damit nicht eindeutig zu beantworten. Hilfreich ist es aber, wenn Führungskräfte die Einflussfaktoren und Wirkmechanismen kennen, von denen die durch den Mitarbeiter wahrgenommene Zielschwierigkeit abhängt (Kirchler und Walenta 2008, S. 362 ff.).

Zum besseren Verständnis starten wir zunächst bei den Extremen.

Zu leichte Ziele
Zu leichte Ziele sind definitiv nicht wünschenswert. Zum einen schöpfen sie de facto vorhandene Leistungspotenziale von Mitarbeitern nicht aus. Sie stellen damit ökonomisch eine Verschwendung von Ressourcen dar. Zum anderen sind zu leichte Ziele auch auf der psychologischen Ebene kontraproduktiv. Der durch die Existenz von Zielen angestrebte Prozess des Spannungsaufbaus und der Mobilisierung zusätzlicher Energien beim Mitarbeiter (siehe Kap. 1.6) gelingt nämlich nicht.

Es ist bekannt, dass Menschen ihre Anstrengungsbereitschaft und Energiebereitstellung an der Schwierigkeit einer Aufgabe regulieren. Der Blick vom Tal zum Gipfelkreuz eines hohen Berges am Beginn einer Bergtour führt eindeutig zu einer stärkeren Energetisierung als der geplante Gang durch das Museum. Einen anderen Beleg für diesen Mechanismus haben auch viele schon selbst durchlebt und sich darüber geärgert: Es ist die Tendenz, die Zeit, die für eine Aufgabenerledigung zur Verfügung steht, auch tatsächlich vollständig auszunutzen. Ist die Zeit üppig bemessen, dann startet man eben etwas später und legt ein betulicheres Arbeitstempo vor. Am Ende ist dann doch der finale Endspurt nötig, um die Aufgabe termin- und qualitätsgerecht zu erledigen. Ist die Zeit dagegen von Anfang an knapp bemessen, dann geht man direkt mit ganz anderem Schwung zu Werke, erlebt also eine höhere Energetisierung. *„Unter Druck bin ich am effizientesten"* – hört man dann häufig.

Zu schwere Ziele

Zu schwere Ziele sind auf der anderen Seite ebenso wenig wünschenswert. Die durch den Mitarbeiter wahrgenommene Erfolgswahrscheinlichkeit ist zu gering. Mögliche Misserfolge sind fast mit den Händen greifbar. Eine solche Situation entmutigt schon an der Startlinie und unterdrückt die Bereitschaft, tatsächlich alle Leistungspotenziale zu aktivieren. Warum sollte man sich auch engagieren, wenn die Erfolgswahrscheinlichkeit relativ gering erscheint?

Beide Extremfälle führen also zu einer suboptimalen Leistungsbereitschaft. Wann aber ist nun ein Ziel „mittelschwer"? Jeder Mitarbeiter wird dies anders empfinden. Die Einschätzung hängt von den nachfolgend beschriebenen Einfluss-faktoren ab.

Einflussfaktor 1: Selbstwirksamkeitserwartung

Selbstwirksamkeitserwartungen sind Überzeugungen zur Wirksamkeit eigener Handlungen. Es handelt sich dabei um ein relativ stabiles, von Mensch zu Mensch differierendes Persönlichkeitsmerkmal. Es beeinflusst sehr stark die Bildung der in Kap. 2.4 bereits angesprochenen Anstrengungserwartung in einer konkreten Leis-tungssituation (= Kalkulation der Wahrscheinlichkeit, durch eigenes Handeln be-stimmte Ziele erreichen zu können). Wo der eine Mitarbeiter von Zweifeln geplagt ist, ob er einer Aufgabe gewachsen ist, da geht ein anderer Mitarbeiter mit schier unerschütterlichem Zutrauen in die eigenen Fähigkeiten zu Werke.

Einflussfaktor 2: Erlebte Erfolge und Misserfolge

Auch situative Einflüsse spielen eine wichtige Rolle. Gerade erlebte Erfolge stei-gern tendenziell die Selbstwirksamkeitserwartung, gerade erlittene Misserfolge bedrohen sie. Ein Fußballspieler, der die letzten acht Elfmeter sicher verwandelt hat, schreitet beim neunten Strafstoß mit anderem Zutrauen zum Ball als derjenige, der die letzten drei verschossen hat. Dieser Zusammenhang verdeutlicht auch noch einmal, wie wichtig eine Zielformulierung ist, die Mitarbeitern eher Erfolgserleb-nisse ermöglicht. Zu viele Misserfolgserlebnisse senken die Selbstwirksamkeits-erwartung und im Gefolge die Anstrengungsbereitschaft.

Einflussfaktor 3: Soziale Vergleichsprozesse

Die Einschätzung der Zielschwierigkeit ergibt sich auch aus sozialen Vergleichs-prozessen. Können Mitarbeiter beobachten, dass viele andere Mitarbeiter ähnliche Ziele erfolgreich bewältigen, dann gilt das Ziel als eher leicht. Ist das umgekehrt nur bei wenigen anderen Mitarbeitern zu beobachten, dann wird individuell auf ein eher schwieriges Ziel geschlossen. Durchschwimmen viele Menschen einen Fluss mit starker Strömung, dann erscheint die Aufgabe allen anderen am Ufer eher machbar und es wird mehr Bereitschaft zur Nachahmung der Handlung geben. Im Grundsatz wirken hier die Mechanismen des Lernens am Verhaltensmodell (= Modelllernen). In einer Organisation könnte also die Akzeptanz schwierigerer Ziele gesteigert werden, indem man den Mitarbeitern möglichst häufig und intensiv die Beobachtung anderer, erfolgreich handelnder Mitarbeiter ermöglicht. Teams aus leistungsstärkeren und –schwächeren Mitarbeitern machen vor diesem Hintergrund viel Sinn.

Einflussfaktor 4: Aufgabenschwierigkeit und Zielschwierigkeit

Der Vorgesetzte sollte bei der Zielvereinbarung auch den Unterschied zwischen **Aufgaben**schwierigkeit und **Ziel**schwierigkeit im Auge behalten. Beides ist nicht das Gleiche! Die Schwierigkeit einer **Aufgabe** ergibt sich primär über ihre Komplexität und des für sie notwendigen Niveaus an Qualifikationen. Die Schwierigkeit eines **Ziels** macht sich dagegen eher an der erforderlichen Leistung fest, die ein Mitarbeiter zur Erreichung eines Zieles aktivieren muss.

Beispiel

Auf dem Arbeitsplatz eines Rechnungsprüfers stellt die Prüfung von Rechnungen der Materiallieferanten hinsichtlich ihrer Richtigkeit eine geringe **Aufgabe**schwierigkeit dar. Bei der Vorgabe, innerhalb eines bestimmten Zeitintervalls eine sehr hohe Anzahl solcher Prüfungen vorzunehmen, bleibt die Aufgabenschwierigkeit zwar weiterhin niedrig, die **Ziel**schwierigkeit jedoch steigt deutlich an. Gemäß etlichen empirischen Untersuchungen steigt die Leistung von Mitarbeitern mit zunehmender **Ziel**schwierigkeit tendenziell linear an. Sie bricht ab dem Punkt dramatisch ein, an dem die Mitarbeiter das Ziel für nicht mehr machbar halten (siehe Abb. 2.8).

Einflussfaktor 5: Zielattraktivität

Die beschriebene anfängliche Parallelentwicklung von Zielschwierigkeit und Leistung tritt allerdings nur ein, wenn die Ziele für die Mitarbeiter eine hinreichende Attraktivität haben. Warum sollte man auch mit einer Leistungssteigerung auf Ziele reagieren, denen man nichts abgewinnen kann oder gegen die man sogar eine Aversion hat? Zielattraktivität ergibt sich insbesondere aus einer

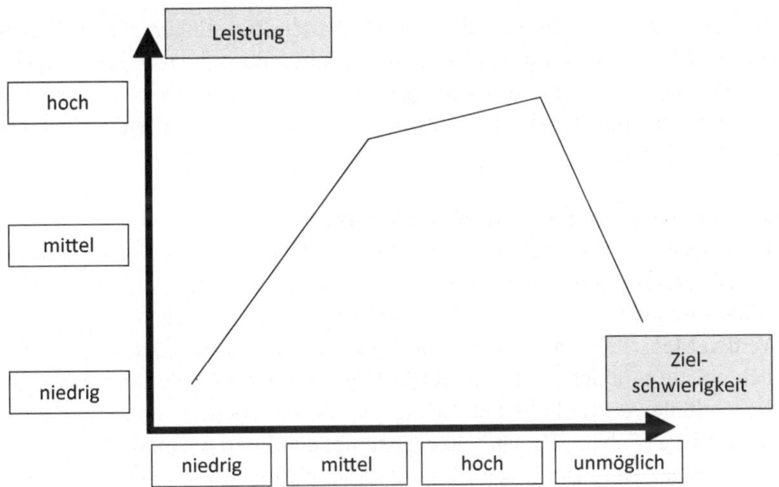

Abb. 2.8 Empirische Beziehung zwischen Zielschwierigkeit und Leistung (entnommen bei: Kirchler und Walenta 2008, S. 365)

- inhaltlich attraktiven Aufgabe (intrinsische Motivation),
- Verknüpfung der Zielerreichung mit attraktiven extrinsischen Anreizen,
- intensiven Beteiligung an der Zielfestlegung.

Hinreichende Zielattraktivität vorausgesetzt, lässt sich also durch sehr anspruchs-volle Ziele auf der Dimension „Zielschwierigkeit" grundsätzlich die Leistung stei-gern. Mitarbeiter sind bis zu einem gewissen Grad willens, sich fordern zu lassen und darauf mit einer erhöhten Anstrengungsbereitschaft zu reagieren. Würde man jedoch von unserem Rechnungsprüfer im Beispiel aber nun erwarten, dass er einen Vorschlag für ein EDV-gestütztes Konzept zur Rechnungsprüfung erarbeitet, er aber gar nicht über einen hinreichenden EDV-Hintergrund verfügt (oder glaubt, ihn nicht zu haben), dann würde man ihn mit einer **Aufgaben**schwierigkeit kon-frontieren, der er sich nicht gewachsen fühlt. Nicht Leistungssteigerung, sondern Ausweichreaktionen wären die Folge.

Einflussfaktor 6: Qualifikationen
Bringt man die Erkenntnisse zu den Dimensionen **Aufgaben**schwierigkeit und **Ziel**schwierigkeit nun zusammen, dann wird klar, dass der erste Schritt immer die

Prüfung sein muss, ob die mit einem vereinbarten Ziel einhergehenden **Aufgaben** hinsichtlich ihrer Komplexität und ihrer qualifikatorischen Anforderungen die Mitarbeiter nicht überfordern. Ist das gesichert, dann kann man auf dieser Basis den Mitarbeitern mit positiven Effekten auf die Leistung auch einiges an **Zielschwierigkeit** „zumuten".

Einflussfaktor 7: Erfolgs- und Misserfolgsmotiv
Mitarbeiter gehen persönlichkeitsbedingt unterschiedlich mit dem Risiko um, das mit der Übernahme von Zielen zwangsläufig immer verbunden ist. Dieser Umgang beeinflusst wesentlich die Bereitschaft zur Vereinbarung anspruchsvoller Ziele.

Werden Menschen vor die Wahl von Leistungssituationen gestellt, dann stellen sie sich geistig mögliche Erfolge und Misserfolge und die damit zusammenhängenden Gefühle vor. Im Falle von Erfolg ist das insbesondere Stolz. Im Falle von Misserfolg ist es Scham. Persönlichkeitsbedingt dominiert bei manchen Menschen eher der Gedanke an Erfolg, den sie samt seiner positiven Emotionen für sich realisieren möchten. Das sind die „Erfolgsmotivierten". Bei den „Misserfolgsmotivierten" dominiert der Gedanke an den Misserfolg und die damit einhergehenden negativen Emotionen, die sie auf alle Fälle vermeiden möchten. Diese Persönlichkeitsdispositionen haben Einfluss auf die Wahl von Zielen.

Misserfolgsmotivierte Mitarbeiter Sie würden sich am liebsten Leistungssituationen überhaupt nicht stellen. Müssen sie es, dann wählen sie bevorzugt sehr leichte Ziele, die sie mit höchster Wahrscheinlichkeit auch erreichen. Oder sie wählen sehr schwere Ziele, die ihnen die Ausrede offen lassen, dass *„man daran ja nur scheitern konnte"*. Beide Strategien ermöglichen es mit hoher Wahrscheinlichkeit, keine Scham empfinden zu müssen. Dieser Persönlichkeitstyp wird also objektiv eher leichte Ziele subjektiv für sich als „mittelschwer" empfinden.

Erfolgsmotivierte Mitarbeiter Sie stellen sich bevorzugt Zielen mittleren Schwierigkeitsgrads und arbeiten an ihnen engagiert und ausdauernd. Diese Leistungssituationen erscheinen einerseits machbar genug, um eine hinreichende Wahrscheinlichkeit für Erfolg zu bieten und sind andererseits auch schwer genug, um im Erfolgsfall vor sich und anderen „brillieren" zu können. Leichte Ziele ermöglichen ihnen keinen Leistungsstolz und rufen daher auch kein sonderliches Engagement hervor. Bei diesem Persönlichkeitstyp werden objektive und subjektiv empfundene Zielschwierigkeit tendenziell deckungsgleich sein (Berthel und Becker 2013, S. 72 ff.).

Fazit

Es gibt keine einfache Faustformel für die Formulierung „mittelschwerer" Ziele. Vorgesetzte sollten die dargestellten sieben Einflussfaktoren im Rahmen der Zielvereinbarungsgespräche berücksichtigen, gegebenenfalls auch offen mit dem Mitarbeiter thematisieren.

2.12 Meilensteine und Teilziele

Warum ist die Aufspaltung von Zielen so wichtig? Welche Einflussfaktoren sollten Vorgesetzte bei der Zielaufspaltung berücksichtigen?

Hangeln ist leichter als Springen – zumindest über längere Distanzen! Liegt ein vereinbartes Ziel zeitlich weiter in der Zukunft, dann bietet es sich an, **zeitliche** Zwischenziele, sog. „Meilensteine", zu formulieren. Analoges gilt für sehr komplexe Ziele. Sie sind sinnvollerweise in **inhaltliche** Zwischenziele, also „Teilziele", aufzuspalten.

In der Wahrnehmung der Mitarbeiter wird das Ziel handhabbarer und damit auch als leichter empfunden. Vorgesetzte haben über die Formulierung von Meilensteinen und Zwischenzielen also Zugriff auf einen wichtigen Mechanismus zur Beeinflussung der wahrgenommenen Zielschwierigkeit.

Zwischenziele sind mit drei weiteren Vorteilen verbunden:

1. **Verbesserung der Handlungsregulation:** Ein zeitlich weit entferntes Ziel wird durch Meilensteine näher an die Gegenwart gerückt. Komplexe Ziele werden durch Teilziele in leichter handhabbare und planbare Elemente zerlegt. Für den Mitarbeiter entsteht quasi eine Zielkette, an der er sich entlanghangeln kann. Dies erleichtert ihm die Selbststeuerung seines Handelns. Über die Zwischenziele ergeben sich zudem logische Kontrollpunkte, die dem Mitarbeiter und dem Vorgesetzten eine effektive Selbst- bzw. Fremdkontrolle erlauben, inwieweit man sich noch im Zielkorridor befindet.

2. **Motivationssteigerung:** Die Erreichung von Meilensteinen oder Teilzielen bietet in verkleinertem Maßstab alle positiven Effekte einer Zielerreichung. Sie stellt selbstwertsteigernde Erfolgserlebnisse bereit und steigert über „das Gefühl voranzukommen" die Zuversicht, das finale Ziel auch tatsächlich erreichen zu können. Beide Effekte machen neue Kräfte frei. Mit zunehmender Annäherung an das finale Ziel steigt – analog zu den Pferden, die den heimischen Stall riechen – die Bereitschaft zum Endspurt. Zudem wird die Ausdauer bei der Arbeit

am finalen Ziel gesteigert, denn die bislang erzielten Fortschritte möchte man ungern aufgeben. Außerdem gilt: Erfolg macht Appetit auf mehr Erfolg.

3. **Unterdrückung der Prokrastinationstendenz:** Von zeitlich nahen Zielen geht ein starker Aufforderungscharakter aus. Sie gestatten es in geringerem Umfang, den Handlungsbeginn „auf die lange Bank zu schieben".

Determinanten für Zwischenziele

Wie viele Zwischenziele sollten vereinbart werden? Dies ist eine Einzelfallentscheidung, die in einem Steuerungsdreieck insbesondere von folgenden Determinanten abhängt (Abb. 2.9).

Hinsichtlich des Reifegrads und der Selbststeuerungsfähigkeit des Mitarbeiters muss man zwischen einer *fachlichen* und einer *motivationalen* Ebene unterscheiden. Es ist durchaus vorstellbar, dass ein Mitarbeiter zwar eine hohe fachliche Reife hat und sich von daher eigentlich mit hohem Autonomiegrad selbst steuern könnte, aber Defizite auf der motivationalen Ebene aufweist. Dies etwa, weil er zu starke Selbstzweifel hegt und häufige Ermunterung über kleine Erfolgserlebnisse benötigt oder weil er zur Prokrastination neigt. Eine höhere Anzahl an Zwischenzielen bietet ihm dann ein „motivationales Korsett".

Und weiterhin ist zu berücksichtigen, dass Mitarbeiter hinsichtlich verschiedener Ziele durchaus unterschiedliche Reifegrade und Selbststeuerungsfähigkeiten aufweisen können. Vorstellbar wäre zum Beispiel ein hohes Niveau bei der Erledigung von Einzelarbeit, aber ein geringeres Niveau, sobald in Teamstrukturen agiert werden muss.

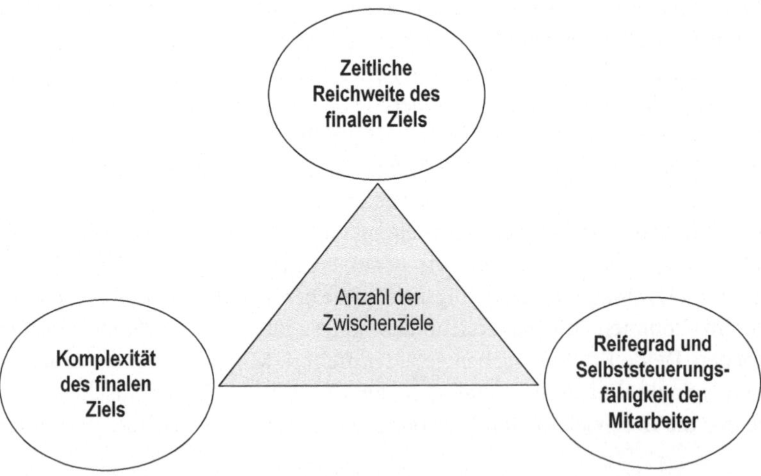

Abb. 2.9 Steuerungsdreieck für Meilensteine und Teilziele

2.13   Zielflexibilität bei Umfeldänderungen

Was sollte man tun, wenn sich im Laufe der Zielperiode wichtige Rahmenbedingungen in der Organisation ändern?

Für Organisationen im heutigen Wirtschaftsumfeld ist es ein Stück Normalität, ständig mit veränderten Rahmenbedingungen konfrontiert zu sein. Von den Mitarbeitern muss daher auch im Rahmen von Zielvereinbarungen erwartet werden, dass sie mit Flexibilität auf Veränderungen in der Organisationsumwelt reagieren. Nicht jede Wechselkursveränderung von 10 Cent, nicht jeder temporäre Ausfall eines Zulieferers oder nicht jede ungeplante Fluktuation eines Mitarbeiters in der eigenen Abteilung kann dazu führen, dass Zielniveaus neu verhandelt werden. Würde man diesen Geist aus der Flasche lassen, man bekäme ihn sicherlich nicht mehr hinein. Eine Nachverhandlungsrunde würde die nächste jagen. Einmal vereinbarte Ziele müssen daher einen grundsätzlichen Bestandsschutz genießen – auch wenn der Wind einmal von vorn bläst (oder auch ungeplant von hinten!).

Relativierung: Diese Forderung kann man allerdings nur erheben, wenn im Rahmen der Zielvereinbarungsgespräche

- die potenziellen Risikofaktoren (im Sinne einer ungeplanten schlechteren Entwicklung des Zielumfelds) und
- die potenziellen Chancen (im Sinne einer ungeplanten besseren Entwicklung des Zielumfelds)

identifiziert, ausführlich diskutiert und hinsichtlich ihrer Eintrittswahrscheinlichkeit eingeschätzt wurden. Die Zielniveaus sind dann so zu justieren, dass alle Risiken und Chancen, die eine hinreichende Wahrscheinlichkeit aufweisen, quasi im Zielniveau „eingepreist" sind.

Damit wird ein gemeinsames Verständnis dazu hergestellt, wie ein „normaler" Schwankungskorridor bei den Rahmenbedingungen der Zielverfolgung aussieht. Gleichzeitig werden damit auch die Ränder des Korridors beschrieben – nach Möglichkeit in konkreten Zahlenwerten -, die eine Anpassung des Ziels nach unten oder oben rechtfertigen oder möglicherweise sogar zu einer Zieleliminierung oder zu neuen Zielen im Zielkatalog führen müssen.

Dieser Diskussionsprozess zwischen Vorgesetztem und Mitarbeiter über mögliche Umfeldveränderungen hat zusätzlich noch den Vorteil, dass die Identifikation von Chancen und Risiken bei der Zielerfüllung gleichzeitig einen Reflektionsprozess über Erfolgsfaktoren und Leistungstreiber für die zu erledigenden Aufgaben darstellt. Dies führt bei den Mitarbeitern zu einer besseren mentalen Durchdringung der Aufgabenstrukturen und damit zu besseren Leistungen.

Varianten

Sind die Wahrscheinlichkeiten für die jeweiligen Umfeldveränderungen schwer zu prognostizieren oder ist man mit einem Zielumfeld konfrontiert, das sehr dynamische Veränderungen aufweist, dann ist es sinnvoll, Ziele nicht als fixierte *Punktziele* zu formulieren (z. B. 10 % Umsatzsteigerung), sondern eher als *Intervallziele* (z. B. Umsatzsteigerung 8 % – 12 %). Eine weitere Option in dieser Situation stellt die Formulierung von *relativen Zielen* dar, die auf andere Organisationen, andere Abteilungen oder andere Stellen bezogen sind, die ähnlichen Umfeldveränderungen ausgesetzt sind (z. B. 2 % höhere Umsatzsteigerung als Wettbewerber XY) (Pfläging 2008).

Extremfall

Tritt eine Umfeldveränderung ein, die überhaupt nicht „auf dem Radar" war oder die das für wahrscheinlich gehaltene Ausmaß deutlich übersteigt, dann sind zeitnah und konsequent notwendige Zielanpassungen ernsthaft zu prüfen. Dies gilt für Anpassungen nach unten und nach oben! Denn über die Veränderungen der Rahmenbedingungen haben sich auch die Leistungsbedingungen für den Mitarbeiter geändert. Die Zielerreichung ist signifikant schwieriger oder einfacher geworden.

2.14 Organisationskongruenz der Ziele

Wie müssen Ziele mit der Organisationsstruktur verknüpft werden?

Die Forderung nach „Organisationskongruenz der Ziele" beinhaltet, dass jedes formulierte Ziel

- eindeutig,
- abgrenzbar,
- konfliktfrei,

einer organisatorischen Einheit, also zum Beispiel einer einzelnen Stelle, einer Arbeitsgruppe, einer Abteilung etc. zugeordnet werden kann. Wie in Abb. 2.10 nochmals bildlich dargestellt, heißt das mit anderen Worten, dass sich die erarbeitete Zielpyramide (= Kreise) völlig deckungsgleich auf die Organisationsstruktur (= Kästchen) projizieren lässt.

Dies gilt im Grundsatz gleichermaßen für eine hierarchische Organisationsstruktur wie für eine prozessorientierte Struktur. In letzterem Fall hieße die Forderung, dass jedes Ziel eindeutig einem Prozessschritt zuzuordnen ist, hinter dem dann jeweils ein verantwortlicher Mitarbeiter steht.

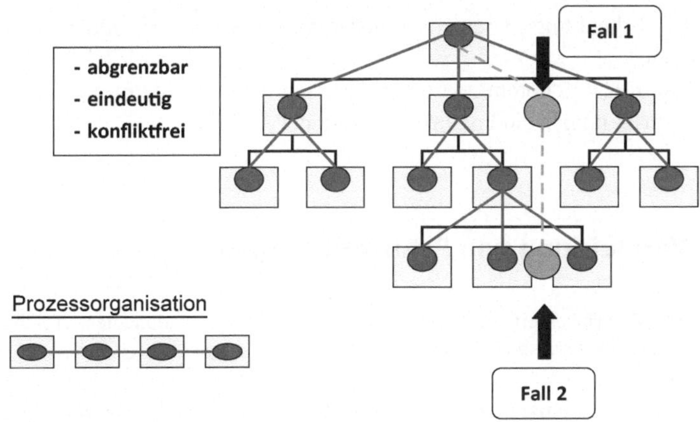

Abb. 2.10 Organisationskongruenz von Zielen

Folgen mangelnder Organisationskongruenz

Völlig inakzeptable Fälle sind in den beiden Kreisen dargestellt, die auf der gestrichelten Linie liegen.

Fall 1 Hier fühlt sich für ein wichtiges Ziel keine Organisationseinheit zuständig. *„Wir? Wieso wir? Ich dachte, um die Benachrichtigung des Kunden über die Auslieferungsverzögerung habt Ihr Euch gekümmert!"* – so könnte ein interner Dialog aussehen. Man muss ihn nicht weiter kommentieren.

Fall 2 Hier fühlen sich für ein Ziel mehrere Organisationseinheiten zuständig. *„Viele Köche verderben den Brei"* – weiß schon der Volksmund. In Organisationen hat diese Konstellation eine Reihe von Negativwirkungen:

- Es wird zwangsläufig zu Kompetenzgerangel zwischen den Mitarbeitern kommen.
- Internen und externen Ansprechpartnern werden wechselnde Kontaktpersonen zugemutet, die dann womöglich noch inkompatible Aussagen treffen oder Aktivitäten entfalten. *„Die Rechte weiß dort nicht, was die Linke tut!"* – wäre der Kommentar eines Betroffenen. Selbst wenn das nicht eintritt, so ergibt sich zumindest eine Verletzung des Prinzips *„One Face to the Customer"*.
- Es erfolgt keine kompromisslose Verantwortungsübernahme für das Ziel. Im Hinterkopf der Mitarbeiter existiert latent die Vorstellung, dass sich ja auch die andere Organisationseinheit um das Ziel kümmern könnte. Verantwortungsdiffusion tritt ein. Eine exakte Zuordnung von Zielen auf Organisationseinheiten

nach der Erkenntnis „Themen brauchen Gesichter" schafft klare Verantwortlichkeiten.

- Im Misserfolgsfall kommt es zu konfliktträchtigen Schuldzuweisungen. Schuld an Zielverfehlungen sind natürlich immer die Anderen….

2.15 Vermeidung von Fehlsteuerungen

Welche finale Prüfschleife darf vor der endgültigen Verabschiedung der vereinbarten Ziele keinesfalls vergessen werden?

Zwei Formen von Fehlsteuerungen könnten die positiven Wirkungen des gesamten Zielvereinbarungssystems konterkarieren. Vor der endgültigen Verabschiedung aller vereinbarten Ziele sind diese intensiv hinsichtlich ihres möglichen Fehlsteuerungspotenzials kritisch zu hinterfragen.

Fehlsteuerung 1: Der Kunde gerät aus dem Blick
Auch wenn „König Kunde" bei der Zielvereinbarung nicht mit am Tisch sitzt, final geht es doch um ihn. Jedes Ziel muss – und sei es auch nur über eine längere Wirkungskette – letztendlich den Kundennutzen steigern. Und daran sind alle vereinbarten Ziele kritisch zu verproben. Der Kunde ist das Maß aller Dinge!

Alle Ziele, die

- nur Wohlverhalten gegenüber dem hierarchischen Vorgesetzten demonstrieren und hierarchiekonforme Leistung nachweisen sollen,
- einzig und allein der persönlichen Profilierung innerhalb der Organisation und damit persönlichen Karriereinteressen dienen,
- eher aus der persönlichen Lust an der Durchsetzung im Verhandlungsprozess geboren sind,

sind nicht am Kundennutzen orientiert, machen die Zielvereinbarung zu einem „hohlen Ritual", das ausschließlich interne Bedürfnisse in der Organisation befriedigt und stellen damit gravierende Fehlsteuerungen dar.

Fehlsteuerung 2: „Das haben wir nicht gewollt!"
Jedes vereinbarte Ziel steuert das Verhalten des Mitarbeiters. Es ist aus seiner Sicht rational, alles zu tun, was zu einer direkten Zielerfüllung führt. Und wenn er noch nach der Zielerfüllung vergütet wird, dann hat er gleich noch die zweite Rationali-

tät für sein Handeln. Aber entspricht die ausgelöste Aktivität auch wirklich dem von der Organisation Gewollten? Es lohnt, nochmals intensiv über mögliche Kollateralschäden nachzudenken und kritisch die Frage zu stellen, für welches Verhalten durch das Ziel wirklich ein Anreiz gesetzt wird.

Beispiel

Vereinbart man mit einem Verkäufer lediglich kurzfristige Umsatzziele und knüpft auch über Zielboni Teile seiner Vergütung daran, dann muss man sich nicht wundern, wenn dieser Verkäufer langfristige Aktivitäten der Markterschließung, Aktivitäten der langfristigen Kundenbindung oder auch die Optimierung des Kundenportfolios nach Bonitätsgesichtspunkten komplett vernachlässigt. Man kann ihm auch keinen Vorwurf machen. Er „funktioniert" eben im Rahmen der gesetzten Anreize.

Ein besonders skurriles Beispiel einer Fehlsteuerung durch falsch gesetzte Ziele ist aus China überliefert: Zur Bekämpfung einer Rattenplage gab die Stadtverwaltung als Ziel die Tötung von Ratten aus und zahlte für jede Ratte auch noch eine Kopfprämie. Was passierte? Die Bevölkerung züchtete Ratten.

2.16 SMART-, PURE- und CLEAR-Formel als Zusammenfassung

Wie soll ich mir all die gelesenen Aspekte und Empfehlungen nur merken?

Ziele sollen „SMART" sein. Plakative Faustformeln sind als Gedankenstütze mitunter recht hilfreich. Wichtige Aspekte, die bei der Formulierung von Zielen zu beachten sind, werden in der SMART-Regel über die Anfangsbuchstaben adressiert. Beim Stöbern in der Literatur finden sich eine deutsche und eine englische Version. Nehmen Sie beide und in kurzen Erinnerungsstichworten sind große Teile der hier vorgetragenen Aspekte abgedeckt (siehe Abb. 2.11). Und was dann noch fehlt, ergänzt die Anweisung, dass Ziele auch PURE und CLEAR sein sollen (Abb. 2.12) (Krogerus und Tschäppeler 2009, S. 21).

Und zum Abschluss darf es dann auch noch ein Zitat sein:

Der Langsamste, der sein Ziel nicht aus den Augen verliert, geht immer noch geschwinder als der, der ohne Ziel herumirrt.
(Gotthold Ephraim Lessing, dt. Dichter)

SMART-REGEL (dt.)	SMART-REGEL (engl.)
☐ **S** chriftlich fixiert	☐ **S** pecific (konkret)
☐ **M** essbar	☐ **M** easurable (messbar)
☐ **A** nspruchsvoll	☐ **A** ttainable (erreichbar)
☐ **R** ealistisch	☐ **R** elevant (wichtig)
☐ **T** erminiert	☐ **T** rackable (beeinflussbar)

Abb. 2.11 SMART-Regel der Zielformulierung

PURE	CLEAR
☐ **P** ositively Stated (positiv formuliert)	☐ **C** hallenging (herausfordernd)
☐ **U** nderstood (verständlich)	☐ **L** egal (legal)
☐ **R** elevant (relevant)	☐ **E** nvironmentally Sound (umweltverträglich)
☐ **E** thical (ethisch korrekt)	☐ **A** greed (vereinbart)
	☐ **R** ecorded (protokolliert)

Abb. 2.12 PURE und CLEAR-Regel der Zielformulierung

Was Sie aus diesem Essential mitnehmen können

- Sie sind in der Lage, alle Einzelphasen eines systematischen Zielvereinbarungsprozesses zu planen.
- Sie kennen die zentrale Bedeutung von Visionen, Unternehmenspolitik und Strategischen Ziele als Ausgangspunkt für alle Zielvereinbarungen im Unternehmen.
- Sie kennen die psychologischen Mechanismen, die über die vereinbarten Ziele die Motivation und Leistung der Mitarbeiter positiv beeinflussen.
- Ihre Zielvereinbarungen sind vielfältig und decken nicht nur aufgabenorientierte Ziele ab, sondern haben auch die Personalentwicklung, das organisationsinterne Verhalten der Mitarbeiter und die Innovationsdynamik im Blick.
- Sie wissen, worauf Sie im Hinblick auf die Formulierung von Zielen, die Anzahl von Zielen, die Schwierigkeit von Zielen und die Bewertung der Zielerreichung zu achten haben.
- Sie haben nicht nur „kochrezepthaft" wichtige Empfehlungen zur Gestaltung von Zielvereinbarungen aufgenommen, sondern Sie kennen die dahinter stehenden psychologischen Begründungen und Mechanismen.
- Zielvereinbarungen können Sie auch aus der Perspektive der Mitarbeiter reflektieren und beugen als verantwortungsbewusste Führungskraft Überforderungssymptomatiken vor.

© Springer Fachmedien Wiesbaden 2016

K. Watzka, *Ziele formulieren*, essentials, DOI 10.1007/978-3-658-12274-4

Literatur

Berthel J, Becker FG. Personalmanagement. 10. Aufl. Stuttgart: Schäffer-Poeschel; 2013.

Bleicher K. Das Konzept Integriertes Management. 7. Aufl. Frankfurt a. M.: Campus; 2004.

Eyer E, Haussmann Th. Zielvereinbarung und variable Vergütung. 6. Aufl. Wiesbaden: SpringerGabler; 2014

Femppel K, Böhm H. Ziele und variable Vergütung in einem dynamischen Umfeld. Bielefeld: Bertelsmann; 2006.

Graumann M, Klavina M. Chancen und Risiken unterschiedlicher Partizipationsgrade? Personalführung. 2009;7:30–35.

Heckhausen J, Heckhausen H, Herausgeber. Motivation und Handeln. 3. Aufl. Heidelberg: Springer; 2006.

Kirchler E, Walenta Ch. Motivation. In: Kirchler E, Herausgeber. Arbeits- und Organisationspsychologie. 2. Aufl. Wien: Facultas; 2008. S. 317–408.

Krogerus M, Tschäppeler R. 50 Erfolgsmodelle – Kleines Handbuch für Strategische Entscheidungen. 6. Aufl. Zürich: Kein & Aber; 2009.

Locke EA, Latham GP. A theory of goal setting and task performance. Englewood Cliffs: Prentice Hall; 1990.

Malik F. Führen – Leisten – Leben. 2. Aufl. München: Deutsche Verlags Anstalt; 2000.

Odiorne GS. Management by objectives. München: Verlag Moderne Industrie; 1967.

Oettingen G, Gollwitzer PM. Theorien der modernen Zielpsychologie. In: Frey D, Irle M, Herausgeber. Theorien der Sozialpsychologie, Bd. 3. Bern: Hans Huber; 2002. S. 51–74.

Pfläging N. Führen mit flexiblen Zielen. Beyond Budgeting in der Praxis. Frankfurt a. M.: Campus; 2008.

Rist F, Engberding M. „Aber morgen fange ich richtig an!" – Prokrastination als verbreitete Arbeitsstörung. Personalführung. 2006;6:64–78.

Schreyögg G. Organisation. 4. Aufl. Wiesbaden: Gabler; 2006.

Stroebe AI, Stroebe RW. Motivation durch Zielvereinbarungen. 2. Aufl. Frankfurt a. M.: Verlag Recht und Wirtschaft; 2006.

Watzka K. Zielvereinbarungen: Effizienzinstrument oder Folterwerkzeug? Personalführung 2012;10:40–45.

Watzka K. Zielvereinbarungen in Unternehmen. 2. Aufl. Wiesbaden: SpringerGabler; 2016. (in Vorbereitung).

Wunderer R. Führung und Zusammenarbeit. 6. Aufl. Darmstadt: Luchterhand; 2006.

© Springer Fachmedien Wiesbaden 2016

K. Watzka, *Ziele formulieren,* essentials, DOI 10.1007/978-3-658-12274-4